LES FILS D'ORESTE
ou
la question du père

Dans la même collection

CHRISTIANE OLIVIER

LES FILS D'ORESTE
ou
la question du père

FLAMMARION

© Flammarion, 1994
ISBN : 2-08-081355-2
Imprimé en France

PRÉAMBULE

Thèbes-la-Blanche et Mycènes-la-Rouge, l'une témoin des amours incestueuses du fils et de la mère, l'autre repaire d'une mère homicide et de son amant... Et dans les deux royaumes, des enfants, des enfants qui souffrent du destin que leur imposent leurs parents...

Jocaste, une mère qui en l'absence de mari aimera trop son fils : un destin auquel nul fils n'échappe. Chaque homme a d'abord été un petit Œdipe qui n'aimait que sa mère, et nous avons déjà étudié ailleurs [1] les longs chemins et les interminables conséquences de cet amour-là.

Clytemnestre, une mère qui renie son mari au bénéfice de son amant, privant ses enfants de père et leur proposant un autre homme qui n'est pas *le* père mais va en occuper la place puisqu'il aime la mère... Peut-on être plus moderne, plus versé dans la question psychanalytique de la place du père que ne l'est Sophocle quatre cents ans avant J.-C. ?

C'est toujours la question du père disparu, remplacé parfois par le frère (Antigone), qui déclenche l'inquiétude et l'agressivité des enfants par rapport à la mère, à l'amant ou au tuteur, enfin à celui qui *ose* se mettre à la place du père. Les arguments sont rapportés par le chœur : les filles sont « orphelines » en

---

1. *Les Enfants de Jocaste*, Denoël, 1980.

l'absence de père, et les garçons s'érigent en « justiciers » face à celui ou à celle qui a fait disparaître le père. Toute l'intrigue tourne autour de ce père et de la façon dont il a été lâchement « assassiné », et la conclusion se trouve être par deux fois dans le geste dramatique et violent du fils faisant irruption dans les appartements de sa mère, poignard à la main, décidé à la tuer : Œdipe comme Oreste veulent rétablir la justice bafouée du côté du père.

Chez Sophocle, très souvent le drame éclate là où le père n'est plus, et si dans *Œdipe-Roi* le destin paraît être à l'origine de la catastrophe, dans *Electre* la mère tant incriminée par ses enfants semble l'actrice principale de la disparition du père : Clytemnestre, plus mère qu'épouse, n'a pas supporté qu'Agamemnon sacrifie leur propre fille Iphigénie aux caprices des dieux et elle a tué elle-même son mari et, de ce fait, privé de père ses deux enfants. Mycènes-la-Rouge abrite en son sein une femme qui peut en bien des points être comparée à certaines mères d'aujourd'hui qui, mésestimant leur mari, oublient qu'ils sont pères et divorcent d'avec eux, obligeant leurs enfants à vivre sans eux, et parfois à partager le mépris et la haine de celui dont ils sont les fils et les filles, donc à s'autodévaluer en tant qu'enfants d'un tel père.

Oreste pose la question moderne : peut-on ne pas en vouloir inconsciemment à une mère qui renie ou ignore chez son enfant la part de celui qui l'a engendré ? Combien d'Orestes, combien d'Electres, aujourd'hui, reprochent à leur mère sa toute-puissance en face de l'inexistence du père, cachant au plus profond d'eux-mêmes une âme vengeresse ? Celle-ci les poussera à commettre des délits sociaux inexplicables, sinon par le besoin profond qu'ils éprouvent de se dresser contre le pouvoir qui leur apparaît comme injustice... Combien d'Hamlets restent cloués au sol, aimant tendrement celle qu'ils blâment pour le mal cruel qu'elle leur a fait en les privant de père...

Combien de pères ne savent pas si dans l'intérêt de l'enfant il faut obéir au désir maternel et à la loi, et rentrer discrètement dans l'ombre en essayant d'oublier ce morceau d'eux-mêmes abandonné à une femme (et peut-être à un autre homme), ou s'il faut s'élever contre cette loi inique qui donne immanquablement l'enfant à sa mère.

Que représente l'enfant pour une mère, qu'il ne représente pas pour un père? Lequel se montre moins prêt à aménager sa vie en fonction d'un enfant que ne le fait la mère.

Est-il préjudiciable pour un enfant de vivre uniquement avec sa mère, quand de son père il ne sait rien? A quoi peuvent servir les multiples réformes de l'enseignement à des enfants qui ont perdu en route le « masculin » et confondent genre et nombre, ne pouvant conjuguer leur singulier avec le pluriel de leurs parents séparés, divorcés, ou en tout cas fâchés... Ce livre s'apparente à une étrange leçon d'orthographe au cours de laquelle on apprend que masculin et féminin ne sont pas uniquement des règles de grammaire, mais des lois propres à l'individu, et qu'il les rencontre d'abord dans sa famille lors de ses premières années.

Qu'en est-il du père et de la mère dans ces premières années? Et si aujourd'hui la place du père est tellement réduite et celle de la mère tellement évidente, à quelles raisons sociologiques et psychologiques le devons-nous?

Qu'étaient un père et une mère au début de notre ère, et que sont-ils aujourd'hui l'un et l'autre?

Chapitre I

LE PÈRE À TRAVERS L'HISTOIRE

Dans l'histoire grecque, le père avait droit de vie et de mort sur ses enfants, comme nous le content les légendes qu'Eschyle, Euripide, Sophocle ont mises en scène : exposition d'Œdipe enfant dans la montagne pour y être dévoré par les bêtes sauvages, mort d'Iphigénie à Aulis sacrifiée par son père aux nécessités de la guerre, condamnation d'Antigone, par son oncle et tuteur, à être enfermée vivante dans une grotte murée à tout jamais... En revanche, dès l'avènement de la civilisation romaine, le « pater familias » nous apparaît comme moins cruel, bien que sa toute-puissante « patria potestas » lui donne des droits sur son propre enfant : le geste de ramasser le nouveau-né déposé à ses pieds confère au père le pouvoir d'en faire son enfant ou, au contraire, de le rejeter hors de sa « gens ». En effet, s'il accomplit le geste du « tolere liberum » et relève l'enfant, il en fait son enfant à vie et doit, à partir de là, aussi bien assurer sa survie matérielle que lui offrir une éducation digne de son rang et le faire hériter de tous les biens qui s'attachent à son propre nom... A Rome, comptait plus le « Nomen » que le « Germen », et si la maternité biologique était incontournable, la paternité pouvait être contournée et le fils de l'esclave se retrouver à la table du Maître!

Le père latin était libre d'adopter ou de refuser son propre enfant, mais à compter du jour où il le reconnaissait il était tenu de l'aider à vivre et ne disposait plus du droit de le faire disparaître. A la cruauté du père de l'Antiquité grecque a succédé la volonté du père latin de constituer sa famille comme il l'entendait et, même au mépris de tout amour naturel, la volonté du « pater familias » était un pouvoir patriarcal sans limites.

A la même époque, de l'autre côté de la Méditerranée, dans une contrée que nous appelons aujourd'hui le Proche-Orient, se déroulait le drame des pères et des fils au sein de l'histoire et de la loi hébraïques : d'Adam, considéré comme le premier homme en passant par Abraham, Jacob, Moïse et David, il fallait que chaque homme ait au moins un fils pour perpétuer sa descendance, et ce n'était pas le « tolere liberum » des Romains qui pouvait sauver un homme de sa stérilité ou de celle de sa femme... Seuls le sang et la race comptaient. C'est ainsi que Yahvé tolérait de l'homme « incartades » ou répudiation de sa femme si celle-ci était stérile. La seule *loi* était celle de Yahvé, le Dieu unique et exigeant qui avait passé alliance avec cette poignée d'Hébreux, et dont il avait rendu responsables Moïse et ses descendants, détenteurs des tables de la Loi et de ce que nous appelons la Thora judaïque. Le père n'était père que pour transmettre la loi de Yahvé à son propre fils; la paternité avait, dans ces pays-là, une finalité divine.

Cet héritage religieux devait se transmettre de génération en génération et chaque génération portait le nom de son géniteur mâle. On se serait bien passé des femmes si leur ventre n'avait servi de terre fertile où déposer la semence du père... D'ailleurs,

les femmes de l'Ancien Testament ne sont représen-
tées qu'en tant que mères ou femmes de... Si, chez
les Grecs et les Romains, en face des dieux, exis-
taient les déesses, et si à Zeus correspond Demeter,
la déesse mère, si à Jupiter on peut associer Junon, il
n'en est pas de même dans la civilisation hébraïque,
où Dieu est *un*, c'est-à-dire qu'il est au *masculin* et
qu'il ne partage pas le pouvoir.

Autant, dans les religions polythéistes, il y avait
prêtres et prêtresses, autant, dans la religion juive, il
n'y a que des clercs... Or c'est de cette religion que
va émaner au Ier siècle de notre ère le christianisme,
avec la naissance du Christ, fils de Yahvé, son père,
sans qu'aucune union de chair entre masculin et
féminin ne le précède. Le Christ est le premier à ne
reconnaître que le bon vouloir du Père et à ne
dépendre que de lui.

En tout cas, au terme de ce rapide tour d'horizon
autour du bassin méditerranéen, nous pouvons
constater que, quels que soient la forme des religions et leurs dogmes, la souveraineté du père y était
assurée et qu'aucun matriarcat n'y prit naissance.
Bien au contraire, chaque religion, à sa façon, tenait
la femme et la mère en état de soumission par rapport au père, et il n'en sera pas différemment dans la
religion musulmane au VIIe siècle... C'était une
époque où les femmes et les enfants ne passaient pas
d'abord, mais après les hommes!

Le christianisme ou la religion du Père

Mais revenons à ce christianisme qui, dès son
apparition, eut une influence décisive sur le concept
de paternité en Occident : ce fils de Dieu, fils de
l'homme annoncé et attendu par tout l'Ancien Testament, a eu, de par sa parole et ses actes, un impact

indéniable sur les mentalités des pères de tous les siècles à venir.

En effet Jésus, tout en se proclamant Fils de Dieu, n'a cessé de renier sa famille réelle et d'écarter la paternité terrestre au bénéfice d'une paternité spirituelle avec Dieu.

« Si quelqu'un vient à moi sans haïr son père, sa mère, sa femme, ses enfants et jusqu'à sa propre vie, il ne peut être mon disciple. » (Lc, XIV, 26)

« Qui aime son père et sa mère plus que moi n'est pas digne de moi. » (Mt, X, 37)

Il exhortait les foules, leur prêchant de s'aimer les uns les autres et, en même temps, la loi qu'il apportait s'inscrivait contre toute loi patriarcale existante : le fils avait le droit de renier son père pour s'en rapporter au Père du Ciel!

« N'appelez personne " votre père " sur la terre, car vous n'en avez qu'un, le Père céleste. » (Mt, XXIII, 9)

C'était pour les Juifs comme pour les Romains, qui avaient tous le respect de l'héritage paternel, une loi inacceptable et scandaleuse que prêchait ce Jésus de Nazareth... Et Jésus lui-même savait bien qu'il s'attaquait aux liens les plus sacrés de la famille. N'a-t-il pas dit un jour :

« N'allez pas croire que je suis venu apporter la paix sur la terre ; je ne suis pas venu apporter la paix, mais le glaive. Car je suis venu opposer l'homme à son père, la fille à sa mère et la bru à sa belle-mère ; on aura pour ennemis les gens de sa famille. » (Mt, X, 34-35)

Jusque-là, toutes les religions conseillaient à l'homme d'obéir aux dieux ou d'honorer un dieu, mais aucune n'avait séparé ainsi l'univers spirituel de l'univers temporel, ni l'individu de sa propre famille. A partir du discours du Christ, la paternité devient plus spirituelle que temporelle et ses disciples, et plus tard les chrétiens, n'hésitent pas à renier leur propre famille pour se réclamer de Dieu et de son fils.

Tous ceux qui ont voulu suivre le Christ ont commencé par renoncer à la paternité « selon la chair » et sont devenus pères « selon l'esprit ». Les apôtres ont été suivis des pères de l'Eglise, des papes, des évêques, des clercs et des communautés religieuses. Tous pensaient que, pour être digne de Jésus, il fallait fuir les plaisirs de la chair, en particulier le mariage, et prôner le célibat...

« Dans les premiers siècles, les dirigeants de l'Eglise latine se détournèrent presque tous du mariage comme d'une chose répugnante. Ils le repoussèrent aussi loin qu'ils purent du sacré [1]. »

Difficile tâche, pour ses successeurs, que de prêcher selon le Christ sans trahir Yahvé-Dieu... Ce que fera pourtant Paul au Ier siècle dans les différentes Epîtres aux communautés d'Asie mineure qu'il évangélisa. Dans l'Epître aux Corinthiens, traitant du mariage et de la virginité, il écrit :

« Il est bon pour l'homme de s'abstenir de la femme [...] Toutefois, en raison du péril d'impudicité, que chaque homme ait sa femme et chaque femme son mari [...] Je dis toutefois aux célibataires et aux veuves qu'il est bon de demeurer comme moi. Mais s'ils ne peuvent se contenir, qu'ils se marient ; mieux vaut se marier que de brûler. » (I Cor., VII, 1-8). Au reste, si l'apôtre parle du mariage comme d'un pis-aller, c'est pour faire quelques lignes plus loin l'éloge de la virginité, qu'il tient pour « l'état qui convient pour chacun ». Difficile de s'y retrouver sinon à placer la virginité au sommet de toute l'éthique chrétienne et à considérer l'état de virginité comme le but à atteindre, même dans l'état de

---

1. Georges Duby, *Le Chevalier, la femme et le prêtre*, Hachette, coll. « Pluriel », 1982, p. 33.

mariage... Paul n'a-t-il pas, dans cette même Epître et par une parole sibylline, conseillé à celui qui a une femme de vivre « comme s'il n'en avait pas » ? Est-ce donc la pratique de la continence que recommande ainsi l'apôtre Paul à l'homme marié ?

Mais cette religion ascétique, cette religion du Fils ne venait-elle pas s'inscrire en contradiction avec la volonté du Père de l'Ancien Testament ? Car Yahvé, du haut de sa solitude, avait bel et bien créé la double nature humaine.

« Il n'est pas bon que l'homme soit seul, il faut que je lui fasse une aide qui lui soit assortie. » (Gen., II, 18)

Yahvé façonna une femme... Par la suite, il prôna toujours lui-même l'union de l'homme et de la femme : « C'est pourquoi l'homme quitte son père et sa mère et s'attache à sa femme, et ils deviennent une seule chair. » (Gen., II, 24)

Tout cela est dans l'Ancien Testament. Pourquoi le Christ a-t-il cru bon de faire état de son célibat et de recommander l'abstinence sexuelle ? « Il y a des eunuques qui se sont rendus tels en vue du Royaume des Cieux. Comprenne qui pourra! » (Mt, XIX, 12) En effet, que peut-on comprendre, hormis le fait que Yahvé s'inscrit dans le cadre d'une religion patriarcale et familiale et que son fils, lui, prêche le célibat et la misogynie ?

Le premier millénaire

C'est en tout cas de l'attitude castratrice vis-à-vis du sexe qu'héritèrent tous les pères de l'Eglise dans les premiers siècles. Et nous voyons saint Jérôme, au IVe siècle, ne cesser de rappeler la malédiction qui s'attache à la femme et à sa fréquentation dans l'état du mariage, tandis que saint Grégoire, son contemporain, divise les humains en deux groupes : les « continents », qui attendent leur salut de Dieu, et les « conjoints », qui, ayant succombé à la tentation, sont réduits à l'état de mariage, état inférieur et souillé par le plaisir du corps qui s'oppose à l'élévation de l'âme... Saint Augustin essaiera de réconcilier les deux parties de l'homme et établira le mariage comme l'occasion pour certains de soumettre le corps à la domination de l'esprit en respectant le principe de chasteté entre époux... Tout un versant de la pensée augustinienne est marqué par ce dualisme : le mal vient du corps, donc de la femme, inférieure et charnelle. Comme Jérôme, comme Grégoire, Augustin situe les « conjoints » bien au-dessous des « continents », au plus bas de la hiérarchie des mérites. « Toutefois il admet que l'homme, livré par la faute originelle à la concupiscence, inéluctablement mauvaise, garde le pouvoir de résister à cette invasion maléfique. Il y parvient par le mariage, forme moins imparfaite de la copulation. Ce péché qu'est l'acte sexuel, mortel dans la fornication, devient véniel dans le mariage : il peut être racheté. Augustin déplace ainsi la limite entre le mal et le bien : elle ne sépare plus les conjoints des continents mais les fornicateurs des conjoints. Il y a du bien dans le mariage [1]. »

La formule choc de saint Augustin reste : « La fin supérieure du mariage chrétien est constituée par la procréation des enfants. »

De saint Paul à saint Grégoire et à saint Augustin à la fin du IVe siècle, le mariage est continuellement mis en parallèle avec l'amour du Christ pour son Eglise, dont nous savons qu'il fut uniquement spirituel et donna beaucoup d'enfants, puisqu'il est à l'origine de l'existence des premiers chrétiens... La copulation et l'enfantement n'ont jamais fait partie

---

1. Georges Duby, *op. cit.*, p. 59.

de l'enseignement du Christ... La descendance était le souci de tout l'Ancien Testament, la sublimation de la sexualité dans la chasteté paraissent avoir été celui du Christ.

Tout le Moyen Age s'appuyant sur les textes bibliques et patristiques se trouve pris entre le récit de la création et celui de la « faute d'Eve » assortie de sa condamnation à être soumise à l'homme : « Ta convoitise te poussera vers ton mari et lui aura domination sur toi » (Gen., III, 16). Dans la 1re Epître aux Corinthiens, Paul écrit : « Le chef de tout homme, c'est le Christ; le chef de la femme, c'est l'homme [...] L'homme est l'image et le reflet de Dieu; quant à la femme, elle est le reflet de l'homme. » (I Cor., XI, 3) Et dans l'Epître aux Ephésiens, il se montre tout aussi misogyne : « Que les femmes soient soumises à leur mari comme au Seigneur; en effet le mari est le chef de sa femme. » (Eph., V, 22)

Ces écrits religieux, issus de la Bible, étaient porteurs d'une morale hébraïque en faveur de l'homme et furent divulgués oralement par le clergé aux Ve, VIe et VIIe siècles, avant d'être appuyés aux XIIe et XIIIe siècles par la traduction de textes plus anciens encore, aristotéliciens en particulier, dans lesquels on trouve déjà présente la différence de « nature » existant entre l'homme et la femme. Pour Aristote, la femme est du côté de la matière, alors que l'homme se situe dans le domaine de la pensée et de l'intelligence... Cela ne date pas d'aujourd'hui : l'homme, pour se protéger de l'empire féminin, refuse à la femme la simple qualité de faire partie des êtres « pensants ». A ce sujet, l'homme pensant du Moyen Age, c'est-à-dire le « clerc » qui ne connaît rien de la « nature » de la femme puisqu'il se veut chaste, n'hésite pas à prendre en compte les affirmations des Grecs, des Romains et des Juifs concernant cet être « aux instincts bas et pervers » qu'on appelle « femme »... Malgré le discours d'amour et de respect de l'individu, très novateur pour l'époque, la théologie chrétienne resta longtemps marquée par ses origines juives, et la femme demeura au plus bas de l'échelle humaine pendant tout le premier millénaire. La féodalité fit d'elle l'incarnation du Malin, la traitant de diablesse... Comment aurait-elle pu engendrer des enfants qui ne soient pas eux-mêmes marqués du signe du Malin et porteurs de tous les vices?

Les malheurs d'Eve dans l'Ancien Testament entraînèrent ceux des femmes et de leurs enfants pendant dix siècles! Et ce n'est qu'au XIe siècle, avec l'établissement du mariage religieux, et au XIIe siècle, avec la vénération de la Vierge en tant que mère, que les femmes purent accéder timidement à une place dans la famille, aussi minimale que la place de Marie dans la vie de Jésus! Un rôle réduit au soin matériel de l'enfant pendant ses six premières années... On ignorait alors que c'était au cours de ces premières années que se forgeait l'inconscient et donc le caractère du futur adulte, lequel ne devenait cruel et sans pitié que parce qu'on l'avait traité sans pitié dès sa naissance. Les mères, en effet, débordées par le nombre de leurs accouchements, n'avaient guère le loisir de câliner leurs trop nombreux enfants.

A partir de sept ans, on estimait que l'enfant, ayant atteint l'âge de raison (observons que c'est l'âge où Jésus « remercia » sa propre mère dans le célèbre épisode du Temple où il se déclara déjà chargé des affaires de son père), devait passer entre les mains des hommes, lesquels s'occuperaient de son éducation de futur mâle. Les filles, quant à elles, restaient éternellement aux cuisines, dans les jupons des femmes, ou de leur mère selon le milieu.

Les hommes du Bas-Empire furent confrontés d'une part à la tradition judéo-chrétienne transmise par les clercs et les abbés, et d'autre part à l'ancienne « patria potestas » issue du droit latin. La décadence de l'Empire romain, au ve siècle, fit place aux grandes Invasions, et rois mérovingiens et carolingiens eurent à faire face aux guerres et disputes entre occupants du Sud, se référant au droit romain, et envahisseurs du Nord : Normands, Germains, Wisigoths, appliquant chacun leurs propres us et coutumes, y compris le droit du plus fort : vols, viols, meurtres, rapts émaillaient leurs chemins au Royaume franc... L'Eglise chrétienne disposa là d'un moment privilégié pour faire pénétrer ses principes et sa morale auprès d'un peuple en pleine déroute, vivant dans l'insécurité et auprès de rois qui ne savaient comment rétablir un semblant d'ordre et de paix entre toutes ces ethnies différentes.

L'Eglise se donna pour mission de faire régner la loi d'amour du prochain, héritée du Christ, et qui déclarait interdits le vol, le viol, l'inceste et l'infanticide : « A la différence des religions antiques et pratiquement de toutes les autres, sauf du judaïsme dont il procède et de l'islam qui s'en réclame, le christianisme investit ses prêtres d'une fonction de censeurs de la vie quotidienne de ses fidèles, qui conseillent, guident, interdisent, jugent, punissent, pardonnent [1]. »

Il ne fait aucun doute que pour les Pères de l'Eglise puis les évêques et les clercs, le mari était le chef de famille, comparable au Christ qui est le chef de l'Eglise et juste en dessous du roi qui « représente » Dieu sur terre. Voilà qui était propre à ramener la paix dans les ménages et dans le royaume.

---

1. Edmond Pognon, *La Vie quotidienne en l'An mille*, Hachette, 1981, p. 133.

A partir de la fin du premier millénaire, rois et papes vont s'allier pour marcher dans le même sens : donner une morale à la famille et appliquer la loi monarchique aux sujets.

Dès l'an 800, Charlemagne, ayant compris l'intérêt de cette morale pour la paix du royaume et de ses familles, se fera nommer roi des Francs et empereur de l'Empire chrétien d'Occident, c'est-à-dire qu'il avait pris son parti de l'installation du christianisme en Europe ! Ceci ne l'empêcha pas d'avoir plusieurs épouses et maîtresses, ni de coucher avec sa propre sœur dont il eut, dit-on, Roland ce neveu tant aimé...

Le Moyen Age

Ce fut sur le plan de la morale conjugale et de la répudiation de leurs épouses que les rois eurent les plus vifs démêlés avec l'Eglise, et si celle-ci dans un premier temps ferma les yeux sur les frasques royales, il n'en fut plus de même à partir de l'institution du mariage religieux au XIᵉ siècle : en élevant l'union de l'homme et de la femme à la hauteur d'un sacrement, le clergé entendait bien régenter la loi d'exogamie, éviter le mariage forcé entre époux et sanctionner répudiation et concubinage. Le mariage célébré religieusement devant un clerc devenait libre et indissoluble, et s'imposait comme fondement de toute famille et toute société.

Comme l'écrit Georges Duby : « Les rites du mariage sont institués pour assurer dans l'ordre la répartition des femmes entre les hommes [...] Pour officialiser et socialiser la procréation. Désignant qui sont les pères, ils ajoutent une autre filiation à la filiation maternelle, seule évidente. Le mariage fonde les relations de parenté, il fonde la société tout entière. Il forme la clef de voûte de l'édifice social [1]. »

L'Eglise, par l'institution du mariage comme acte à la fois civil et religieux, se plaçait avec ses dogmes à la frontière du matériel et du spirituel, pour des siècles... Ce n'est qu'en 1801 que Napoléon, par le Concordat, amorça la séparation de l'Eglise et de l'Etat !... Fatigué de sa longue querelle avec le pape à propos de la répudiation de Joséphine. Mais il n'était ni le premier ni le seul à avoir livré bataille avec l'Eglise : avant lui, on avait connu, pour ne citer que la France, les conflits de Philippe Ier et Urbain II en l'an 1094, Philippe Auguste et Innocent III en 1200, Philippe le Bel et Boniface VIII en 1294, Henri IV et Clément VIII en 1595, Louis XIV et Clément X, etc. En acceptant la mainmise de l'Eglise sur le couple et la famille, les rois avaient aussi accepté que soient exhumés et régentés leurs propres secrets d'alcôve...

Ce qu'ils perdaient d'un côté, ils le retrouvaient de l'autre, et leur autorité de souverain se trouvait tout à coup confortée par l'appui de l'Eglise, qui enseignait que le pouvoir royal était d'origine divine et paternelle, et que le roi ne pouvait qu'être bon puisqu'il ne recherchait que le bien de ses sujets « comme le père, celui de ses enfants ».

Le trône devenait sacré, dans la mesure où le roi devenait pour ses sujets « le représentant de Dieu sur terre » et la conjonction du droit canon et du droit romain est à la base de l'établissement de la monarchie constitutionnelle.

Si le roi recevait, par la bénédiction du sacré, le droit et le devoir de gouverner tous ses sujets au nom de Dieu, le père recevait par le mariage religieux le droit de disposer et de tancer tous ses enfants « dans le Seigneur ». Les droits et les devoirs du père s'étendaient, sans aucune contestation pos-

---

1. Georges Duby, *ov. cit.*, p. 75.

sible, à toute famille : femme et enfants se trouvaient à égalité devant la toute-puissance morale de l'homme.

Le roi régissait ses sujets au moyen des édits et punissait les manquements à la loi par la pendaison, pendant que le père imposait sa volonté dans la famille et censurait la désobéissance par l'application du « castoiement », correction appliquée aux enfants et même parfois à la femme, si le père le jugeait nécessaire... N'est-ce pas ce qu'avait conseillé saint Paul dans son Epître aux Ephésiens? « Enfants, obéissez à vos parents dans le Seigneur... Et vous, parents, n'exaspérez pas vos enfants, mais usez en les éduquant de corrections et de semonces qui s'inspirent du Seigneur. » (Eph., VI, 1-4)

Le droit du père fut, pendant des siècles, absolu et incontesté, puisque d'origine divine. Le christianisme, en rapprochant l'image du père de celle de Dieu, a donné au père un pouvoir discrétionnaire absolu sur toute sa famille. Le droit de correction des pères fera partie très longtemps des attributions spécifiques de l'homme puisque ce n'est qu'en 1790 que ce droit se verra limité par l'Assemblée nationale révolutionnaire. Il ne sera complètement aboli qu'en 1935...

Le Seigneur eut bon dos dans le pouvoir démesuré de correction qu'appliquèrent les pères pendant des siècles! Beaucoup de nouveau-nés et de jeunes enfants subirent des sévices tels qu'ils en moururent. Jusqu'au début du XXe siècle, la phrase des mères n'est-elle pas la même que celles des femmes du Moyen Age : « Ne le tue pas! »?

L'autre droit exercé par le père concernait la mise « en nourrice » de l'enfant dès ses premiers jours. Cette pratique que l'on put observer à partir du XIIIe siècle et jusqu'au XIXe fut d'abord le fait des familles aristocratiques, puis, avec le XVIIIe siècle, de toutes les familles, même les plus simples, où l'enfant représentait une gêne aux habitudes du couple.

« Il appartenait officiellement au mari, " chef " de la femme, de décider si celle-ci allaiterait ou non. Au XVIᵉ siècle encore, les choses se passaient bien ainsi. On trouve dans les traités de médecine des " cas " de cette sorte : " Après avoir perdu plusieurs enfants en bas âge, Mme X accoucha d'une belle petite fille et demanda à son mari l'autorisation de l'allaiter. " Le plus souvent c'était non. Aux temps féodaux, le mari espérait ainsi accroître la fécondité du ménage : l'épouse qui n'allaitait pas redevenait plus tôt enceinte ; la mortalité infantile imposait d'engendrer beaucoup[1]. »

Curieuse époque où il y avait beaucoup de naissances mais peu d'enfants, car ils mouraient pour la plupart avant l'âge de dix ans, faute d'hygiène ou de soins affectifs suffisants de la part d'une nourrice mercenaire. Pour ceux qui revenaient enfin de la campagne à l'âge de sept ou huit ans, ressentis comme étrangers à leur propre famille, ils étaient aussitôt envoyés dans une autre famille aristocratique pour y être « éduqués », chez un artisan pour y apprendre un « métier », ou dans une école religieuse pour y accéder à la fonction de clerc.

Souvenons-nous que les premières écoles instituées sous Charlemagne furent des écoles chrétiennes et que ceci ne prit fin qu'avec la création de l'enseignement laïc lors de la révolution française ! Donc aux XIᵉ, XIIᵉ, XIIIᵉ siècles et jusqu'à la fin du XVIIIᵉ siècle, tout père qui voulait que son enfant soit mieux éduqué que par lui-même le confiait aux spécialistes de l'enseignement chrétien, avec tous ses abus et sa morale antisexuelle...

---

1. Yvonne Kniebiehler, *Les Pères ont aussi une histoire...*, Hachette, 1987, p. 135.

L'enfant ayant été « nourri » puis « éduqué » loin de sa famille pouvait se retrouver, entre quatorze et seize ans, face à des parents qu'il connaissait à peine et surtout face à un père qui, une fois de plus, allait décider pour lui de son établissement par le mariage ou de son entrée au couvent s'il ne voyait pas d'alliance honorable pour l'enfant (surtout dans la bourgeoisie).

Le mariage était dans tous les milieux, au temps de la féodalité, le moyen de « conforter » la place sociale des parents. Il était donc prévu, et parfois de longue date. Il n'était pas rare de voir des petites filles de quatre à huit ans être « promises » au cours de la cérémonie de la *desponsatio* à de jeunes garçons de douze ou quatorze ans... Le mariage serait ritualisé et consommé quelques années plus tard, quand les époux seraient nubiles...

C'est dire à quel point le mariage était affaire de familles et donc de pères !

Ni la paternité, ni la maternité n'eurent jusqu'au xve siècle de dimension affective, seul le devoir d'épouse vis-à-vis de son mari servait de loi à une femme, et seul le devoir de reconnaître et d'élever ou faire élever ses enfants, plus tard de les établir, paraissait occuper l'esprit de l'homme.

Les enfants de grandes et de moins grandes familles vivaient sans parentage et sans affection, aussi est-ce le temps où beaucoup d'orphelins de cœur s'en remirent à Dieu le Père pour avoir un père et des frères : les ordres religieux pullulaient et les vocations, avec ou sans l'accord des parents réels, ouvraient une voie pour tous ceux que leurs parents avaient trop peu aimés tout en ne cessant de faire leur devoir de parents... Jamais les communautés n'ont été aussi florissantes que durant le Moyen Age : bénédictins dès 529, cisterciens et bernardins en 1098, franciscains en 1209, dominicains en 1215, carmes et carmélites en 1245, ursulines en 1535, et surtout jésuites, ordre enseignant célèbre, en 1540.

Tous ces hommes et ces femmes prouvaient, à qui voulait l'entendre, qu'être fils ou fille de Dieu était une situation plus enviable qu'être enfant de ses propres parents et qu'avoir des frères et sœurs « dans le Seigneur » était plus réjouissant que d'avoir un frère ou une sœur selon la chair; somme toute, l'enseignement du Christ concernant sa mère, ses frères et ses sœurs était devenu la règle de vie de bien des humains...

En clair, la pénétration du christianisme dans toutes les couches de la société avait entraîné une démission des pères réels en faveur d'un amour pour le Père du ciel, et chaque homme semblait chercher pour son propre enfant un meilleur « père » que lui. Et ce meilleur « père » n'était-il pas celui qui, à l'instar de Dieu, n'aimerait l'enfant que « selon l'esprit »? C'est donc le chaste moine ou le sage clerc qui aurait pour mission d'élever jusqu'à Dieu cet enfant conçu selon la chair et nourri par le sein d'une femme... Ces religieux convertis à l'amour de Dieu, n'ouvraient-ils pas tout grands leurs bras à tous ces enfants qui leur étaient confiés pour en faire de bons chrétiens et de bons sujets du roi? Et ne trouvaient-ils pas dans cette noble tâche la paternité idéale, celle qui ignore les liens de la chair et du sang? Les pères réels disparaissaient; les moines, et bientôt les confesseurs et directeurs de conscience, apparaissaient...

Le père humaniste

Si tout le Moyen Age a souvent considéré le petit enfant comme un petit animal, dont seul le baptême puis l'éducation peuvent faire un homme, le discours très nouveau, appelé « humaniste », posera l'assertion inverse : le petit enfant est déjà un petit homme. Mais comment, par quels chemins le guider jusqu'à l'âge adulte ? Est-ce véritablement humain de le séparer de sa famille dès sa naissance, ainsi qu'on le fait pour lui assurer une vie hygiénique, mais vidée de sentiments ? Est-ce raisonnable que de lui donner dès l'âge de sept ans un père qui n'est pas le sien et ne l'aime qu'avec raison, alors que le véritable père aime l'enfant « comme soi-même » ?... Comment cet enfant pourra-t-il apprendre à nous aimer alors que nous passons notre temps à l'écarter de notre chemin ? « Nourrir » l'enfant est-il bien suffisant quand on ne songe pas à « nourrir » son esprit et son cœur ?

Avec le xvᵉ siècle, les droits du père ne sont pas remis en question, mais la façon dont il exerce ce droit va être soumise à une longue et fine analyse qui sort l'enfant de son rôle d'objet à utiliser, et le met en position de sujet à aimer... C'est la première fois que la paternité est vue comme éducative aussi bien en France qu'en Allemagne, en Angleterre ou en Italie. On a passé quinze siècles sans se préoccuper sérieusement de cet enfant que nous chargeons de nous prolonger !

Si les pères du xxᵉ siècle se posent la question du « comment être père » au côté d'une mère qui a la haute main sur l'éducation de l'enfant, la question fut, au xviᵉ siècle : comment être père d'un enfant qui n'a que son père pour lui montrer le chemin ? Cette époque fut prolixe en traités ayant pour objet la famille, le ménage, l'éducation des enfants. Si le père du Moyen Age « régnait » à sa façon et plaçait l'enfant où bon lui semblait, quitte à ne jamais s'en occuper lui-même, le nouveau père de la Renaissance a souci d'être un homme honnête, épris de justice, respectueux de l'ordre établi et soucieux de transmettre lui-même à son fils ces mêmes qualités.

Les humanistes, voulant aller de l'avant, commencent par citer leurs sources de réflexion et c'est évidemment l'incontournable Aristote, avec sa conception de la différence de nature homme-femme, qui réapparaît sous la plume des novateurs... Mais c'est pour en faire un tout autre usage : la femme, reconnue nécessaire à l'éducation de l'enfant, s'occupe du bien-être et des soins du corps, alors que le père est chargé de la formation du savoir et de l'esprit de l'enfant. C'est confiner la femme dans un rôle subalterne, mais c'est lui donner tout de même une place! Cette place de la femme se retrouve dans la composition du couple où le mari est incité à « chérir » sa femme, considérée comme sa compagne ou sa chère moitié. Le mari doit être « soigneux » de sa femme (Le Tasse[1]) et partager avec elle ses plus secrètes pensées (F. Barbero, *De l'état de mariage*). « Qui enseigne son fils doublement engendre », écrit Etienne Pasquier, écrivain humaniste, dans une de ses lettres en 1619.

Après des siècles de rudesse et de « castoiement » du père à l'égard de l'enfant et après des siècles de mise en nourrice, on perçoit un souffle nouveau quand on lit chez le théologien Gerson, que « les savants sont sans doute d'excellents guides, mais l'éducation domestique au sein de la famille est la plus nécessaire et la plus féconde en bons résultats » *(De parvulis ad Christum ducendis)*.

Le père ne se contentera pas de « nourrir » son fils, mais il se préoccupera d'avoir avec l'enfant une relation affectueuse et proche, dans laquelle celui-ci pourra prendre le père comme exemple. Nous quittons le domaine de l'éducation par la terreur que fut celle du Moyen Age et nous abordons aux rives de

---

1. Cette référence et celles qui la suivent sont tirées de l'*Histoire des pères et de la paternité*, sous la direction de Jean Delumeau et Daniel Roche, Larousse, 1990.

l'amitié entre parents et enfants. Gerson, révolution-naire pour son temps, proclamait : « Sans bonté, sans douceur, il n'est point de succès possible. » Erasme allait plus loin encore quand il écrivait que la première tâche d'un maître était de « se faire aimer ». Sadolet et Montaigne ne pensaient pas dif-féremment et, pour la plupart des humanistes, les coups et les menaces terrorisent mais n'éduquent pas l'âme de l'enfant.

L'éducation, la vraie, repose sur la confiance et l'admiration vis-à-vis du père. Gerson écrit : « L'édu-cateur doit se faire enfant avec les enfants », ce qui est tout à fait inédit jusqu'alors puisque le seul moyen d'éduquer un enfant était de le faire plier par la force et de provoquer sa crainte « dans le Sei-gneur ». Montaigne va jusqu'à dire que le bon père est celui qui obtient d'abord « l'amitié » de son fils.

C'est la première fois que l'enfant, considéré comme sujet, mérite qu'on s'intéresse à la façon dont il perçoit le monde et les gens, afin de pouvoir communiquer le plus tôt possible avec lui. Toute la prime enfance prend une autre importance et on est étonné que tel un père moderne pourrait l'écrire aujourd'hui au sujet de son enfant, Rabelais écrive : « Comment Grandgousier congneust l'esprit mer-veilleux de Gargantua à l'invention d'un torchecul. » (*Gargantua*, chap. XIII)

Alberti, Erasme, Rabelais, Montaigne, et surtout Gerson (qui, quoique théologien, connaissait très bien les enfants pour les avoir approchés de près lorsqu'il avait été choisi comme précepteur des enfants du roi Charles VI), insistent tous sur la connaissance que le père doit avoir de son enfant, et ce, dès les premiers jours, sur la confiance qu'il doit inspirer et sur le bon exemple qu'il doit lui donner. Les mauvais exemples venant du père sont vivement critiqués comme pouvant introduire chez l'enfant des traumatismes précoces, et si le père ne correspond pas à l'éthique éducative, il doit soit se former par la lecture à l'éducation du jeune enfant (il n'y a jamais tant eu de traités d'éducation adressés au père!), soit le confier à un précepteur, lui-même bon, sage et respectable...

Il était d'usage que les soins du nouveau-né soient assurés par la mère ou une nourrice, et que l'enfant ne soit pas présenté à son père avant l'âge de sept ou huit ans... Les humanistes réclament que les pères s'intéressent à l'enfant beaucoup plus tôt, et plusieurs paragraphes du traité d'éducation de Sadolet concernent les premiers jours de la vie de l'enfant, son sommeil, ses rêves, ses tétées, sa promenade, etc. Traités d'éducation un peu irréalistes pour des hommes dont la plupart n'ont jamais approché l'enfant et considèrent que le laisser « nourrir » par sa propre mère est déjà un grand geste d'acceptation de leur part, puisqu'ils lui prêtent leur femme et tolèrent pleurs, excréments, langes souillés dans leur propre maison.

Conseils idéalistes donnés à l'élite des princes, des chevaliers et des nobles, mais c'est d'en haut que vient l'exemple et c'est par un mouvement culturel tout à fait inédit qu'on arrivera par les textes, l'ironie, le théâtre... à fustiger tous ces pères intéressés et sans pitié des siècles précédents. Les humanistes ont ouvert la voie à une critique de l'incriticable... Et c'était déjà beaucoup de pouvoir morigéner les pères abusifs, grognons et sans cœur qu'avaient souvent les enfants, même dans les milieux les plus élevés!

« Les hommes de la Renaissance n'ont pas découvert la dimension affective de la paternité, mais, à mesure que la relation père-enfant se dégage de l'autorité statuaire pour devenir échange, la psychologie se modifie. L'intérêt pour la perpétuation du nom se combine avec d'autres significations. Et d'abord, le père est père pour soi. Il cherche en écrivant ses mémoires à édifier la postérité et transmettre une expérience, mais il veut surtout parler de lui, se faire connaître de son fils [...] Il s'accomplit à travers la réussite de ses enfants; grâce à eux, il se sent à nouveau riche d'avenir [1]. »

L'enfant devient une personne digne d'intérêt et les sentiments paternels d'affection sont souvent évoqués. Il n'est plus interdit de pleurer la mort d'un enfant et il n'est pas interdit non plus d'entourer le jeune enfant d'une tendresse comparable à celle des mères... « Ne rougissons pas de leur parler comme feraient de bonnes et tendres mères » (Gerson). On croit rêver à la lecture de tels propos, si proches de ceux qui peuvent être écrits aujourd'hui à l'attention des nouveaux pères du XXe siècle! Déjà, au XVIe siècle, les nouveaux pères étaient donc là? Ou sont-ils passés, eux et leur affection pour le nouveau-né? Comment, deux siècles plus tard, l'enfant est-il seulement affaire de femme?

L'âge d'or du père paraît bien avoir été les XVe, XVIe et XVIIe siècles où l'autorité du père était, au centre de la famille, reconnue comme naturelle et issue du mariage. Le père devait assurer en premier la procréation de l'enfant, puis le maintien de son existence physique, et veiller à son éducation morale, tout en lui assurant une condition digne de son milieu. Après sa majorité, il devait s'occuper de son établissement dans la société par le mariage ou de son entrée en religion. Enfin le père paraît, à cette époque, comptable de tout ce qui intéresse la lignée et la descendance...

La prospérité familiale passait le plus souvent par l'attribution de l'héritage au fils aîné, ce qui amenait souvent les puinés à conclure certains mariages,

---

1. *Histoire des pères et de la paternité*, *op. cit.*, p. 67.

dont Molière n'a eu de cesse de se moquer, et certains enfants à rentrer dans les ordres sans que leur vocation soit autre que celle de ne pas déplaire à un père dont les décisions étaient sacrées et justes...

Il y eut en ce siècle beaucoup d'injustices faites aux enfants de la part des pères et sans que les mères puissent faire autre chose qu'en pleurer, leurs droits étant toujours limités aux premières années de nourrissage... Mais la haine et la terreur avaient fait place au respect et à l'obéissance dus au père!

On remarquera aussi que tous ces traités de bonne éducation des fils par les pères ne traitent jamais des filles, laissées pour compte aux mères qui les élèvent dans la soumission la plus totale envers l'époux et le père...

Le père, respecté dans sa famille, paraissait à son apogée, et cependant la réforme protestante allait encore renforcer son pouvoir et ses devoirs... Luther et Calvin, dès 1550, allaient, en instaurant une réforme de la religion, introduire un nouveau visage du père. Lisant et relisant la Bible, ils y trouvent, semble-t-il, une morale inverse de celle de l'Eglise catholique; le mariage est reconnu par les protestants comme « l'état qui plaît à Dieu » (Luther), alors que pour l'Eglise catholique, c'est le célibat qui paraît être l'état le plus proche de la volonté divine.

Les protestants ne reconnurent pas une Eglise gouvernée par des pères célibataires et abolirent la différence entre clercs et laïcs. Il ne restait qu'un modèle chrétien idéal, celui du père de famille, et la paternité charnelle fut désignée comme vocation de l'homme à vivre, et son corps et son âme ensemble, au sein et au milieu de ses enfants, à qui il devait transmettre sa foi et ses dogmes puisés dans la Bible. Le père réformé remplit tous les rôles traditionnels dont sont chargés les pères : engendrer, nourrir, enseigner, mais c'est sur le rôle de pédagogue que

Luther et Calvin mirent principalement l'accent. « Un homme pieux, étant le chef et le maître de sa famille, doit lui servir de guide [...] Et s'acquitter des devoirs de pasteur, en ce qui concerne la doctrine [1]. » « Le père et la mère sont assurément les apôtres, les évêques, les pasteurs des enfants lorsqu'ils annoncent l'Evangile [2]. »

C'est à un véritable sacerdoce qu'est invité le père de famille. Il devient pasteur dans sa famille, il est chargé de l'instruction religieuse de ses enfants et il s'aide pour cela du catéchisme de Calvin rédigé sous forme de questions et réponses, afin que le père puisse vérifier l'état de connaissance de l'enfant. A cela il peut ajouter chaque soir la lecture d'un passage de la Bible, qu'il commentera dans le sens exigé par sa foi. Certains pères rédigèrent à l'intention de leurs enfants de véritables petits manuels de théologie.

Il est évident que la Réforme porta le père si haut que beaucoup ne purent suivre. Et de même que l'humanisme n'avait touché qu'une classe sociale, la Réforme ne concerna qu'un certain milieu intellectuel. Pas plus que le père humaniste ne consentit à s'occuper ni « mignoter » le nouveau-né, soin qu'il abandonnait régulièrement à la mère, le père protestant ne s'approcha de son bébé, préférant attendre qu'il ait l'âge dit de raison (sept ans) pour lui inculquer les premiers rudiments de la Bible et l'obliger à croiser ses mains le temps du *Benedicite*... Jusque-là, il était habituel et normal que la mère s'occupe de l'enfant, de son alimentation et de sa propreté, et cela ne changea pas chez les réformés.

Le père protestant est un père qui, à travers son rôle de guide vis-à-vis de toute sa maisonnée, engendre, non pas la crainte comme au Moyen Age, mais le respect, et une certaine pudeur à montrer

---

1. Calvin, synode national, 1867.
2. Luther, *De la vie conjugale*, 1522.

ses états d'âme, aussi bien du côté des parents que du côté des enfants. Les pères huguenots furent des pères réservés, n'appréciant pas les effusions spontanées entre parents et enfants. En acceptant d'apparaître comme le pasteur de la famille, le père protestant recueillait respect et obéissance et renforçait la soumission de ses enfants à sa volonté, qui n'était autre que celle de Dieu lui-même, père de tous les pères.

Si Dieu s'était rapproché de l'homme par le truchement du protestantisme, le père ne s'était toujours pas davantage approché de son enfant...

Rousseau ou l'ascension des mères

Erasme, Rabelais, Montaigne et Calvin avaient élevé l'enfant à la dignité d'homme à éduquer avec soin, mais il fallut attendre Rousseau, au XVIIIe siècle, pour apprendre qu'un enfant a certes besoin d'être éduqué mais qu'il a surtout, en tant qu'être humain, besoin d'être aimé, et dès ses premiers jours. Rousseau, loin de croire comme Fénelon que le petit d'homme est comparable à un petit animal, pense que le petit d'homme naît intelligent et sensible : « Nous naissons sensibles, et, dès notre naissance, nous sommes affectés de diverses manières par les objets qui nous environnent [1]. »

Si l'on tient compte du fait que, pour la psychanalyse, la « relation d'objet » est ce qu'il y a de plus important et de plus déterminant dans le caractère de l'individu, on peut considérer que Rousseau parlait à la façon d'un psychanalyste, en reconnaissant l'importance des liens affectifs que l'enfant rencontre dans ses premières années.

---

1. Jean-Jacques Rousseau, *Emile ou De l'éducation*, édition établie par Michel Launay, « GF-Flammarion », 1968, p. 38.

« Je le répète, l'éducation de l'homme commence à sa naissance; avant de parler, avant que d'entendre, il s'instruit déjà [...] Les premières sensations des enfants sont purement affectives; ils n'aperçoivent que le plaisir et la douleur[1]. »

Voilà quelqu'un qui comprend, bien avant l'américain Dogson (1970), que tout se joue avant six ans! Bien qu'il ait lui-même abandonné ses propres enfants aux bons soins de l'institution des Enfants-Trouvés, son *Emile ou De l'éducation* ouvrit un champ tout à fait nouveau à la réflexion des pédagogues; les pères et mères de famille découvraient là, pour la première fois, l'importance psychologique de la toute première enfance et l'idée que l'enfant n'est ni un animal ni un petit monstre, mais tout simplement un être entravé par l'inachèvement de son système sensitif et moteur, lors de sa venue au monde.

Rousseau, il faut lui rendre cette justice, est le premier à avoir dit que la nature humaine est bonne, mais infiniment sensible et influencée par les traitements reçus! Il osa s'inscrire en faux contre la théorie de l'Eglise qui faisait du nouveau-né un cadeau empoisonné tout droit venu de la faute originelle, et ne pouvant être arraché aux forces du Mal que par le sacrement chrétien du baptême.

Il s'éleva contre l'éloignement du nouveau-né de son milieu familial naturel, à seule fin de lui offrir du bon air, un autre lait que celui de sa mère et une éducation que son père rechigne à lui donner. Et Rousseau de partir en guerre contre l'un et l'autre parents qui ne remplissent pas leurs devoirs : « Point de mère, point d'enfant. Entre eux les devoirs sont réciproques; et s'ils sont mal remplis d'un côté, ils seront négligés de l'autre. L'enfant doit aimer sa

---

1. *Ibid.*, p. 70.

mère avant de savoir qu'il le doit [1]. » Plus loin :
« Mais que fait cet homme riche, ce père de famille
si affairé, et forcé, selon lui, de laisser ses enfants à
l'abandon? Il paye un autre homme pour remplir
ces soins qui lui sont à charge. Ame vénale! crois-tu
donner à ton fils un autre père avec de l'argent [2] ? »

Et il adresse aux femmes cette supplique : « Mais
que les mères daignent nourrir leurs enfants, les
mœurs vont se réformer d'elles-mêmes, les sentiments de la nature se réveiller dans tous les cœurs
[...] Qu'une fois les femmes redeviennent mères,
bientôt les hommes redeviendront pères et maris [3]. »

C'est l'introduction en fanfare de la famille bourgeoise et unie où père et mère contribuent chacun,
dans un rôle très spécifique, repris plusieurs fois au
cours de L'Emile, à l'établissement de la paix dans la
famille et les ménages, grâce à la soumission aveugle
des femmes aux désirs de leurs maris, thème infati-
gablement réabordé par notre cher Jean-Jacques,
qui, sous des dehors de libéralisme et d'égalité, ne
cesse de prêcher l'inégalité entre les deux sexes.

« Il n'y a nulle parité entre les deux sexes quant à
la conséquence du sexe, le mâle n'est mâle qu'en
certains instants, la femelle est femelle toute sa vie,
ou du moins toute sa jeunesse; tout la rappelle sans
cesse à son sexe, et, pour en bien remplir les fonctions, il lui faut une constitution qui s'y rapporte. Il
lui faut du ménagement durant sa grossesse; il lui
faut du repos dans ses couches; il lui faut une vie
molle et sédentaire pour allaiter ses enfants [4]. »

Jusque-là, allez-vous dire, quoi de si nouveau? Ce
discours est nouveau tout simplement parce qu'il
concerne des femmes d'un certain niveau, vivant en

---

1. *Ibid.*, p. 48.
2. *Ibid.*, p. 52.
3. *Ibid.*, p. 47, 48.
4. *Ibid.*, p. 470.

ville et qui avaient pour habitude de considérer que l'allaitement, fonction « naturelle et bestiale », pouvait aussi bien être assuré par une mercenaire : une autre femme de la campagne dont le lait serait au moins aussi bon que le leur. Rousseau leur rappelle que la fonction de mère prend une grande place dans la vie d'une femme et, à partir de *L'Emile* (1762), beaucoup de femmes vont mettre toute leur fierté à nourrir et élever elles-mêmes l'enfant. C'est la première fois que la relation mère-enfant est valorisée, comme elle le sera de nouveau, quelque cent ans après, par Freud.

Rousseau n'est-il pas celui qui ouvre à une fonction du père « prescrite par la mère », comme le fera Lacan avec le « nom du père », et comme le fait actuellement la loi en donnant à la femme célibataire le droit de ne pas nommer le père ?

« La femme sert de liaison entre eux [les enfants] et leur père, *elle seule les lui fait aimer* et lui donne la confiance de les appeler siens [1]. » L'homme sans la femme ne peut donc, pour Rousseau, reconnaître en l'enfant sa propre race et la suite de ses œuvres. C'est donner aux femmes un pouvoir psychologique dont, maintenant, beaucoup de « nouveaux pères » se plaignent... Les mères, inspirées par les écrits rousseauistes, soutenues par le discours médical puis psychanalytique, tiennent bien actuellement cette place où, *seules*, elles acceptent ou refusent de servir de liaison entre les enfants et le père. C'est de cela que vient au moment du divorce l'éloignement de celui que la femme n'aime plus et qui, du coup, se trouve ne plus être aimé par ses propres enfants.

Si la révolution sociale n'est pas loin, la révolution familiale commence bien ici : si jusqu'alors ni le père, ni la mère ne se souciaient vraiment des premières années d'un enfant, à partir de Rousseau ces

1. *Ibid.*, p. 470.

premières années sont vues comme très importantes et ayant de grandes répercussions sur l'adulte à venir ; mais cet enfant est mis dans les bras de la femme et d'elle seule.

« Et depuis quand sont-ce les hommes qui se mêlent de l'éducation des filles ? Qui est-ce qui empêche les mères de les élever comme il leur plaît [1] ? »

Hélas oui ! Depuis bien longtemps, l'éducation des filles est laissée aux mères et nous en connaissons le résultat, mais il n'y a pas que les filles qui souffrent d'être éduquées uniquement par les mères, les garçons ne sont-ils pas dès leurs premiers jours et pour plusieurs années mis entre les mains des seules femmes ?

« Un enfant passe six ou sept ans de cette manière entre les mains des femmes, victimes de leur caprice et du sien ; et [...] après avoir chargé sa mémoire ou de mots qu'il ne peut entendre ou de choses qui ne lui sont bonnes à rien, après avoir étouffé le naturel par les passions qu'on a fait naître [on n'avait pas encore découvert à l'époque que les passions principales que faisaient naître les femmes dans le cœur des enfants étaient, chez le garçon, l'amour œdipien pour sa mère, et, chez les filles, le manque d'amour œdipien pour le père, remplacé par le fantasme de plaire et d'être aimées « plus tard » par un autre homme que le père], on remet cet être factice entre les mains d'un précepteur, lequel achève de développer les germes artificiels qu'il trouve déjà tout formés [2]. »

Si Rousseau parle ainsi, c'est en toute innocence, croyant charger les nourrices de crimes dont les mères seraient protégées. Il parle sans savoir... Sans savoir ce que nous savons aujourd'hui, c'est-à-dire

1. *Ibid.*, p. 473.
2. *Ibid*, p. 51.

que cet enfant naissant s'attache à la personne qui est là et qui va faire naître chez lui germes et passions : certaines nourrices sont de bonnes mères et certaines mères sont de mauvaises nourrices, cette distinction n'est pas évidente à l'époque. Et Rousseau de s'écrier :

« Comme la véritable nourrice est la mère, le véritable précepteur est le père. » Et il continue : « Qu'ils [les parents] s'accordent dans l'ordre de leurs fonctions ainsi que dans leur système ; que des mains de l'une, l'enfant passe dans celles de l'autre [...] Ne nous étonnons pas qu'un homme dont la femme a dédaigné de nourrir le fruit de leur union dédaigne de l'élever [1]. »

Il y a chez Rousseau, en même temps que l'idée d'une famille fondée sur l'amour entre parents et enfants – ce qui est une idée vraiment nouvelle –, une autre idée aussi vieille que le monde : *le sexe du parent détermine sa place éducative auprès de l'enfant.* Aux femmes le nourrissage des premières années, aux hommes l'éveil de l'intelligence et de la connaissance à partir de sept ans. Curieusement ces rôles, même du temps où les parents ne s'occupaient pas directement de leurs propres enfants, étaient répartis de même : aux nourrices l'allaitement des premières années, aux précepteurs l'éducation et l'enseignement des secondes... Ceci paraît immuable : quel que soit l'homme qui parle, quelle que soit son époque, quel que soit son milieu, la répartition des soins et les charges éducatives de l'enfant sont parfaitement sexistes, la femme étant chargée d'assurer la gestation et l'allaitement de l'enfant se verra obligatoirement confier les cinq premières années durant lesquelles l'enfant est plus proche de la nature que de la culture. Dès qu'il sera question d'instruction, l'enfant devra changer de mains et

---

1. *Ibid.*, p. 51.

tenir son savoir d'un homme, et, comme le dit si bien Rousseau, l'enfant passera des mains de l'une à celles de l'autre. Il faut s'étonner ici de ce que personne ne s'émût jamais que la répartition des rôles fût toujours aussi inéluctablement la même.

D'Abraham à Rousseau, la finalité de la famille a complètement changé et, du pouvoir, les pères sont passés aux devoirs. En 1762, avec *L'Emile*, ils en arrivent à l'amour et à l'éducation de l'enfant, mais ce qui ne change pas, c'est que LE PÈRE NE S'OCCUPE VÉRITABLEMENT DE L'ENFANT QUE LORSQU'IL N'EST PLUS « ENFANT », c'est-à-dire lorsqu'il n'est plus dépendant du bon plaisir ou du désir de l'adulte : *le père arrive après l'enfance*, lorsque l'enfant devient accessible au raisonnement, ou lorsque la raison prend le pas sur le caprice : en termes psychanalytiques, le père arrive lorsque *le conscient se met à dominer l'inconscient*... Comme on le dit si bien, c'est l'âge de raison. Tout ce qui est de l'ordre de la confrontation du désir inconscient à l'inconscient de l'Autre se joue avec une femme! Et Rousseau, croyant changer profondément l'orientation de l'homme et son éducation, s'attaque à la partie visible de l'iceberg, sans voir que l'amour, qu'il prône comme le lien qui tient la famille, est plus profondément entaché de misogynie que d'anarchie. Rousseau avait une rancune « consciente » pour son père mais ce qui lui avait fait le plus de mal « inconsciemment », c'était l'absence de mère, puisqu'elle était morte à sa naissance. De là était venu son besoin incessant de prêcher l'amour familial, et à la fois son incapacité à le donner lui-même à ses propres enfants : ce qu'il n'avait pas reçu, il ne pouvait le donner... Et sa rage à prêcher l'innocence et le besoin d'amour du nouveau-né n'avait d'égal que son malheur de ne pas avoir été aimé à l'âge où l'être humain en a tant besoin!

C'est le malheur personnel de ce philosophe qui

nous a valu un tel éloge de l'amour idéal d'une mère, lui qui n'a pas pensé un seul instant que si la nature l'avait doté de deux parents, c'était pour que l'un agisse de concert avec l'autre et que l'un compense les manques et absences de l'autre... Et il avait autant à dire de son père « présent-absent » que de sa mère réellement « absente »... Finalement, de toute l'œuvre rousseauiste, nous pouvons retenir que Jean-Jacques Rousseau chercha par tous les moyens à donner à tous « une mère » et qu'à ses yeux l'amour d'une mère était le premier droit à réclamer pour tout être venant au monde.

Par contre, le manque de cellule familiale solide a fait jaillir dans l'âme de ce désespéré le fantasme lumineux et irréel d'une famille où régnerait l'amour plutôt que le devoir, et c'est de Rousseau que date la permission (officialisée par la loi du 25 septembre 1792, qui enleva aux pères tout pouvoir sur leurs enfants à partir de l'âge de 21 ans) d'aimer selon son cœur et non selon son intérêt ou celui de sa famille.

C'était la première fois qu'on imaginait – fort utopiquement – que l'individu, la famille et la société pouvaient reposer uniquement sur un « contrat » d'amour universel. Toute la Révolution française et ses tenants (Voltaire, Diderot, Montesquieu, Talleyrand, Condorcet...) n'eurent de cesse de démontrer l'excellence de la « nature » humaine et sa perversion organisée par le pouvoir de certains... dont la supériorité et les droits restaient à prouver.

La Révolution ou la mort du père autoritaire

Les encyclopédistes français, précurseurs de la pensée révolutionnaire, développèrent les théories déjà énoncées en Angleterre par Locke et en Allemagne par Pufendorf, selon lesquelles l'autorité du père ne se justifiait que le temps de l'enfance et devait cesser dès que le sujet devenait adulte.

« La voix impérieuse de la Raison s'est fait entendre. Elle a dit : Il n'y a plus de puissance paternelle », s'écrie Cambacérès dans son discours sur le projet de Code civil [1]. « Surveillance et protection, voilà les droits des parents, nourrir, élever, établir leurs enfants, voilà leur devoir [2]. » Telle était la nouvelle définition de la parentalité présentée à la Convention pour figurer dans le Code civil. Les droits des parents s'étaient retournés en devoirs envers les enfants! Il avait fallu plus de vingt siècles pour que les humains comprennent que leurs enfants n'étaient ni des choses ni des bêtes mais des « êtres humains » doués d'intelligence et de sentiments; en un mot, des « sujets »...

C'était l'écroulement du paternalisme et du même coup de la monarchie fondée sur le pouvoir d'un seul, c'était aussi la mise en cause de l'Eglise et de son pouvoir, et les révolutionnaires ne furent pas tendres avec les religieux et leurs édifices. Certaines églises romanes portent encore la marque de la haine de tous les tyrans : les statues sont décapitées... Et le Christ, dans sa majesté, est celui qui porte le plus de stigmates de la révolution des sujets contre le pouvoir d'origine divine.

Le roi Louis XVI y laissa sa tête le 21 janvier 1793, bien qu'il fût un homme modéré et prêt à prendre l'avis de ses sujets. Sa seule faute étant d'assumer le pouvoir légitime et de tenir la place du père autoritaire, sa mise à mort fut le symbole de la disparition de tous les autres pères autoritaires. Balzac écrivit : « En coupant la tête de Louis XVI, la République a coupé la tête à tous les pères de famille. »

---

1. *Histoire des pères et de la paternité, op. cit.,* p. 289.
2. Fenet, *Ibid.,* p. 289.

La Révolution fut un acte plus parricide que régicide, et il a fallu trouver d'urgence bien des défauts à ce roi pour pouvoir tuer à travers lui le « père du peuple ».

A partir de cette époque, les pouvoirs des pères vont être régulièrement grignotés par différentes lois officielles. En mars 1790, le droit de correction se voit limiter par une loi qui abolissait les lettres de cachet et créait les tribunaux de famille, chargés de régler les discordes familiales. En septembre 1792, la majorité est fixée à vingt et un ans, et, en 1793, le partage égal de l'héritage empêche les pères de répartir leurs biens selon leur bon plaisir.

Tout en rétrécissant les pouvoirs des pères, la Convention se montre favorable aux projets d'instruction publique pour tous les enfants des citoyens, lesquels, avant d'appartenir à leur famille, appartiennent d'abord à leur pays qui se doit d'en faire de bons citoyens. Danton ne dit-il pas : « Les enfants appartiennent à la République, avant d'appartenir à l'Etat » ? L'instruction, qui était la seule charge morale du père dans la famille, lui est retirée pour être confiée à la République ; la loi du 29 frimaire de l'an II frappe d'amende les parents qui n'enverront pas les enfants à l'école publique.

Vraiment, on en arrive à se demander si *liberté* et *égalité* peuvent cohabiter. En effet, l'enfant, en échappant au pouvoir dit « despotique » de son père, tombe immédiatement sous le coup de la loi républicaine. Il en est de même pour ce qui est du mariage indissoluble qui apparaît comme contrainte affective scandaleuse et se voit remplacé dès 1792 par un contrat d'amour libre et de durée variable : ce qui oblige les enfants à vivre obligatoirement avec un père adoptif, lors du deuxième mariage... Ce père adoptif prend une très grande importance pour les hommes de 1789 car il est le représentant de la liberté d'être père selon le « cœur » et non selon le « sang ».

« Pour les juristes révolutionnaires, de la même façon que la liberté du mariage (avec son corollaire juridiquement nécessaire, le divorce) permet seule l'éclosion et la durée du sentiment amoureux par opposition au mariage-pacte de famille de l'Ancien Régime, de la même façon la liberté du géniteur de se reconnaître père est-elle la condition nécessaire à la naissance de l'amour paternel [1]. »

En luttant contre les liens indestructibles de la famille, les révolutionnaires croyaient de façon utopique pouvoir garder de l'union de l'homme et de la femme tout ce qu'elle avait de spontané et retirer tout ce qui était de l'ordre de la contrainte, semblant ignorer que la liberté de chacun entraîne l'anarchie de tous ! Que le père désire être père, soit, mais qu'il prenne cette décision pour toujours, qui peut en répondre ? Actuellement l'écueil du divorce n'est-il pas justement que ce père qui a désiré cet enfant doive quelques années après y renoncer ? Et qu'à la place de cet amour inconditionnel et voulu, l'enfant ne rencontre que des amours de remplacement...

D'ailleurs le divorce, tel que l'avait établi l'ordre révolutionnaire, sera aboli en 1816 par la monarchie (qui préféra conserver la stabilité de la famille classique et tolérer l'adultère avec ses conséquences sociales : les enfants abandonnés), puis rétabli définitivement en 1884 sous la IIIe République, par la loi Vidal-Naquet.

Mais revenons à cette volonté de l'homme d'être père, venant de fils révoltés contre des pères oppresseurs et ayant le droit de l'être, car cette idée très nouvelle pour les hommes du XVIIIe siècle n'était que l'annonce prémonitoire du destin des pères d'aujourd'hui, qui ne peuvent plus être pères ni

---

1. *Ibid.*, p. 282.

selon leur désir, ni selon leur mariage dans certains cas...

« *Pater is est quem nuptiae demonstrant* (le père est celui que les noces désignent)... » Ce qui avait servi de définition du père pendant des siècles est devenu faux aujourd'hui... Rien actuellement ne peut assurer l'homme d'être le père et surtout de le rester... Ni le mariage, dont la rupture par le divorce entraîne l'attribution de la garde de l'enfant à la mère dans la plupart des cas, ni le concubinage, qui donne à la seule femme le droit de reconnaître l'enfant et de lui attribuer ou non un père !

XIXe et XXe siècles : quand l'Etat se substitue au père

« *Pater is est quem...* » fut valable pour Napoléon Bonaparte qui avait déjà secrètement choisi « d'être père », quitte à changer de femme pour réaliser son rêve et renouer avec la monarchie en assurant le règne de sa descendance. « Nous avons fini le roman de la révolution, dit-il au Conseil d'Etat. Il faut voir ce qu'il y a de réel et de possible dans l'application des principes, non ce qu'il y a de spéculatif et d'hypothétique. »

Le code civil napoléonien s'empressa d'assouplir les mesures prises par la Convention vis-à-vis des pères... Si la majorité à vingt et un ans est conservée, la liberté du mariage est repoussée à vingt-cinq ans. Pour ce qui est de la « correction paternelle », Napoléon rend aux pères le droit de faire emprisonner leurs enfants sous certaines conditions. Un despote pouvait-il condamner des pères autoritaires? Un Corse, fils très œdipien de sa mère, pouvait-il renoncer au pouvoir de l'homme dans la famille? Mais laissons là cet enragé du pouvoir et regardons ce que deviennent les pères dans ce XIXe siècle si agité par les guerres et les révolutions. Pendant que monarchie et république ne font que s'engendrer pour mieux se détrôner, que devient la famille, le père, la mère et leurs enfants?

Deux phénomènes vont atteindre et transformer cette famille en un univers personnel et clos sur lui-même; la médecine d'abord qui, représentée uniquement par des hommes à cette époque, reprend en toute occasion le chant des sirènes en ce qui concerne cette mère qui tendrement doit passer des heures à allaiter son enfant, comme et aussi bien qu'une mère lionne, ou toute autre femelle animale. « Pondre n'est rien [...] Mais où commence le mérite de la poule, c'est lorsqu'elle couve avec conscience, se privant de sa chère liberté [...] En un mot, c'est lorsqu'elle remplit ses devoirs de mère qu'elle en a véritablement le titre [1]. »

Comme l'écrit Elisabeth Badinter : « Comparer une femme à une poule montre la haute idée que l'on se fait de la première. La comparaison n'est pas flatteuse. Mais le fut-elle jamais moins que lorsque le docteur Rollin fit une analogie entre la femme et la terre? Affirmant que tout autre lait que celui de la mère fait dégénérer les enfants et les expose à des accidents dangereux [2]. »

Le XIXe siècle n'a pas négligé ces arguments, puisqu'en 1848 on peut lire sous la plume d'Ernest Legouvé, dont les livres connurent de nombreuses rééditions, que la maternité animale ressemble à un sentiment humain et inversement.

La façon dont on cherche à inculquer aux femmes l'idée de devoir nourrir elles-mêmes leurs propres enfants est souvent cocasse, et aucun raisonnement

---

1. Dr Gérard, *Le Livre des mères*, p. 5.
2. Elisabeth Badinter, *L'Amour en plus : Histoire de l'amour maternel*, XVIIe-XXe siècles, Flammarion, 1981.

n'est à exclure s'il fait mouche : « Qui ne nourrit pas, meurt [1] », va jusqu'à dire le docteur Rollin.

De plus, les femmes peu à peu se mirent au travail, et les peintres se mirent à peindre de délicieux tableaux de famille où l'époux attendri pose discrètement sa main sur l'épaule de celle qui nourrit « leur » enfant... Car les hommes aussi ont bien dû sacrifier leur femme à l'enfant. Chaque parent n'est-il pas prêt à des sacrifices, quand il comprend qu'ils sont nécessaires à la vie de l'enfant ? Et là, père et mère ont compris que le lait de la mère contribue à la bonne santé de l'enfant. Le père a même compris que toute la mère était nécessaire à l'enfant et il abandonne bravement celle-ci à ses devoirs de mère pour aller se distraire dans d'autres bras, dans d'autres alcôves où il n'est pas question de renvois ni d'excréments, mais où on ne parle qu'odeurs, caresses, sensualité, tendresse... La famille bourgeoise du XIXᵉ siècle cache une vraie mère et un faux père, qui n'a même plus de devoirs précis envers sa progéniture avant l'âge de quatorze ans, puisque l'école publique est là pour le suppléer dans sa fonction éducative.

Il faut dire, à sa décharge, qu'un deuxième phénomène bouleverse la vie de l'homme, car depuis le début du siècle, l'industrialisation, l'automatisation ont profondément changé son mode de vie. Certaines familles impécunieuses ont même quitté leurs champs pour venir habiter un logement exigu en ville, là où il y a du travail.

Le travail en usine entraîne le père loin de sa famille pour toute la journée. Laissant face à face la mère et les enfants et, sous prétexte de gagner la vie des siens et d'être un « bon père », l'homme s'éloigne de plus en plus des siens. Ses journées sont dures, répétitives, et la cadence exigée par les

---

1. Dr Rollin, *De la conservation des enfants*, p. 189.

patrons est souvent sans pitié. L'homme sort de là
exténué, découragé, et, pour se remettre de sa dure
journée et se donner du cœur au ventre, il s'arrête
avec les copains dans le caboulot du coin où il
consomme un « petit rouge » et puis un autre... On
commence à voir ces hommes rentrant le soir chez
eux dans un piteux état ; le moindre reproche de leur
femme ou les cris d'un enfant suffisent à le faire sortir de ses gonds et battre ou sa femme ou ses enfants.

Aux XIXe siècle, la mère devient peu à peu la seule
véritable adulte de la famille, et il n'est pas rare
qu'elle prenne l'Etat à témoin de la brutalité de son
conjoint. L'Etat ne manque pas de répondre
« présent » dans son souci d'œuvrer pour le bonheur
de tous, et il condamne durement ces pères éreintés
et falots. Il en fait parfois des pères « déchus »,
comme dans la loi de 1889 où est déclaré « déchu de
ses droits tout homme qui se conduit en père
indigne ». Mais qui va donc détenir l'autorité ?
L'Etat qui, par le moyen des assistantes sociales,
des juges et des médecins spécialistes de l'enfant,
va devoir assister la mère devenue le seul parent
véritable.

Nous nous plaignons aujourd'hui que la machine
ait pris la place de l'homme et que le chômage le
rende triste ou désespéré, mais, cent ans auparavant,
l'homme avait déjà commencé à payer un lourd tri-
but à la modernisation. Sous prétexte d'un meilleur
pouvoir d'achat, les pères du XIXe siècle ont perdu la
qualité de vie qu'ils avaient précédemment et qui faisait d'eux, sinon des éducateurs raffinés, du moins
des modèles à reproduire. La seule qualité paternelle que l'on pouvait reconnaître aux hommes de la
Renaissance et des siècles suivants, n'était-elle pas
de montrer l'exemple d'une vie bien menée ? Mais, à
partir de l'apparition des usines, les pères ne furent
même plus des modèles, mais parfois des repous-

soirs. Et les enfants de ces pères étaient parfois reti-
rés du milieu familial par les soins d'une assistante
pour être placés dans des institutions éducatrices
dépendantes de l'Etat. L'assistance publique prenait
alors la place de la famille jugée incapable ou dangereuse pour l'enfant... Dans les milieux plus favorisés,
c'était l'internat que l'on conseillait, pour éloigner
l'enfant des drames familiaux créés par l'éclatement
de la cellule conjugale et l'apparition du couple
adultère, conséquence des libertés prônées au
XVIIIe siècle touchant l'amour-passion (le divorce
avait été autorisé par la loi).

Avant de clore le chapitre de la reculade générali-
sée des pères face aux mères « aimantes » et « allai-
tantes » engendrées par les théories rousseauistes et
médicales des XVIIIe et XIXe siècles, il faut évoquer la
conséquence des deux guerres de 1870 et 1914 qui
ont séparé dans la réalité les pères de leur famille : la
moitié d'entre eux n'en sont jamais revenus... Les
femmes, consentantes ou non, durent forcément
tenir la double place de père-mère pendant des
années et elles le firent avec assurance, leur position
de mineures par rapport à l'homme ayant été transformée en position de mères triomphantes par Rousseau, puis par Freud, pour lesquels l'enfant a besoin
d'abord d'une mère et par la suite d'un père...

En deux siècles, la place forte du pouvoir paternel
s'est transformée, à la fois sous l'impulsion des phi-
losophes et des psychanalystes puis sous l'influence
des événements politiques, en rond-point des cou-
rants d'air... Les hommes ayant d'abord cédé la
place morale à la mère éducatrice, puis ayant même
dû quitter les lieux pour aller camper sur les fron-
tières de la République.

Pendant ce même temps, les mères ne cessaient
d'être considérées par l'Etat et les pouvoirs publics
comme les responsables privilégiées des enfants ; et

si d'un côté l'établissement de la fête des Mères figure comme un des fleurons de la reconnaissance de l'importance des mères au xxe siècle, de l'autre toutes les lois édictées à partir du milieu de ce siècle confirment l'affaiblissement de la puissance et de la présence paternelles.

En 1935, la loi sur l'abolition du « droit de correction » met fin à dix-neuf siècles de violences, souvent immodérées mais toujours justifiées, des pères envers leurs enfants. Dans le même temps est instaurée l' « aide éducative » destinée à régler les problèmes des familles sans passer par les pères. L'effacement de l'autorité paternelle atteindra son point culminant peu après la révolte de 1968 contre l'autorité, quand, en 1970, une réforme juridique substituera au terme de « puissance paternelle » celui d' « autorité parentale », qui donne un pouvoir égal à chacun des parents pour ce qui concerne l'enfant.

Le « pater familias » était bien mort cette fois-ci et la suprématie du pouvoir mâle en passe de disparaître! Car les femmes étaient reconnues comme possédant aussi la loi, et elles n'avaient plus besoin de passer par l'homme pour la faire reconnaître à l'enfant. Les mères étaient devenues majeures... Mais on devait aller plus loin encore dans la reconnaissance de cette majorité de la femme et de cette liberté d'être mère sans l'aide d'un père... En 1972, une loi sur la filiation naturelle attribuait, en cas de non-mariage, l'exercice parentale à la seule mère : cette fois-ci le père était gentiment poussé hors de la *nursery*! Et les mères allaient s'arranger avec les services sociaux pour ce qui était d'obtenir l'allocation de mère célibataire... On n'avait plus du tout besoin d'un père... Ce qui se confirma peu de temps après avec l'accession des femmes à l'IAD (insémination artificielle avec donneur), qui, refusée par les pouvoirs officiels en France, peut être pratiquée dans le privé ou à l'étranger en toute liberté. A partir de là se pose la terrible question : « Un père, à quoi ça sert ? » ou « Un père, qu'est-ce que c'est ? » Question à laquelle les hommes d'aujourd'hui doivent apporter une réponse.

Depuis ces deux lois de 1970 et 1972, on a vu apparaître de nouvelles structures familiales : familles éclatées et monoparentales ou familles recomposées à la façon d'un puzzle avec plusieurs enfants de père et mère différents. Toute cette évolution en cours fait que la définition de la paternité se trouve bouleversée, car le père biologique peut très bien avoir perdu son enfant et avoir gagné une paternité de cœur avec l'enfant de sa nouvelle compagne (petit clin d'œil aux révolutionnaires, chez qui nous avions repéré la formidable anticipation du désir d'être père, opposé aux devoirs d'un père).

Nombre d'hommes et de femmes vivent sans être mariés tout en formant quand même une cellule sociale et familiale stable avec modèles parentaux. Ce phénomène très nouveau n'est pas sans poser problème aux sociologues et démographes de cette fin de siècle : la mère est en effet toujours, comme du temps des Romains, « Certa », mais le père n'est plus celui qui a épousé la mère... Qui est-ce ? Celui qui a engendré (même s'il n'est plus là), ou celui qui est là (mais n'a pas de lien biologique avec l'enfant) et aime la mère, ou encore celui que la mère désigne comme « père souhaité » pour l'enfant ? Le père ne serait-il, comme le disent les psychanalystes, que celui que « nomme » la mère ?

Chapitre II

MORT DU PÈRE MYTHIQUE

Freud est-il le père de la psychanalyse? Ou est-il simplement un des pères de la psychanalyse? Chacun apporte sa propre réponse, selon qu'il respecte tout ce qui a été mis au jour par Sigmund Freud – et qu'il prétend passer sa vie à relire comme un texte sacré –, ou selon qu'il pense continuer ce qui a été commencé par le précurseur de l'inconscient, n'hésitant pas alors à ouvrir de nouveaux chemins et s'instituant plutôt comme « pair » que comme « fils du père ».

Mais est-il si aisé, pour un fils, de devenir le « pair » de son « père »? Freud lui-même, si à l'aise avec le schéma œdipien du fils et de la mère et avec la fonction de la femme dans la formation inconsciente du jeune enfant, n'a jamais parlé du père dans des termes tant soit peu comparables, et quand il parle de l'itinéraire inconscient du très jeune enfant, il ne nomme pas le père, n'en a pas besoin. Le seul père ayant une relation proche avec son enfant est le père du petit Hans, et le petit Hans a déjà cinq ans! Or, il est très clair qu'il n'a vécu jusque-là qu'avec des femmes, ce qui paraissait normal pour l'époque puisque nous venons de voir qu'historiquement le père n'est jamais intervenu que pour son fils et seulement à l'âge de raison (sept ans).

Freud écrit : « Faites-y bien attention, le plus curieux dans la vie sexuelle de l'enfant me paraît être ceci : il accomplit toute son évolution dans les cinq premières années de sa vie [1]. » « Dans les premières années de l'enfance s'établit la relation du complexe d'Œdipe, au cours de laquelle le petit garçon concentre ses désirs sexuels sur la personne de sa mère [2]. » Mère dont il nous dit qu'elle « serait vivement surprise si on lui disait qu'elle éveille ainsi, par ses tendresses, la pulsion sexuelle de son enfant, et en détermine l'intensité future [3] ». Il nous explique ainsi clairement que, pour lui, la première et la seule initiatrice en matière de plaisir infantile érotique, c'est la mère ou celle qui la remplace... Donc il suffit d'une mère qui a du plaisir à s'occuper de son enfant pour que l'enfant s'ouvre au plaisir oral, anal, masturbatoire, et qu'il apprécie ces jeux prégénitaux avec sa mère, jeux qu'il retrouvera plus tard dans l'activité érotique adulte.

Freud, un homme du XIXe siècle, ne voit que la mère pour satisfaire l'enfant des deux sexes lors de ses premières années, parce qu'il est, en tant que médecin, imprégné du discours de son époque, discours tenu en France par les docteurs Brochard, Gilibert, Gérard, Verdier-Heurtin, etc. Le lieutenant Prost écrivait en 1778 : « Si les mères savaient [...] jamais elles ne se détermineraient à quitter leurs

---

1. Sigmund Freud, *Ma vie et la psychanalyse* ; psychanalyse et médecine, Nouv. éd., Gallimard, « Idées », 1971, p. 131.

2. *Ma vie et la psychanalyse, op. cit.*, p. 46.

3. Sigmund Freud, *Trois Essais sur la théorie de la sexualité*, Gallimard, « Folio », p. 133.

enfants dans un temps où leur tendresse est si nécessaire [1]. »

Freud découvre l'inconscient et son mode de formation en pleine inflation du rôle maternel et, comme les médecins faisaient dépendre la santé du bébé de l'allaitement par sa mère, il fait découler le bon état des pulsions sexuelles de l'enfant du bon état de celles de sa mère... Peu importe celles du père !

Dans la théorie esquissée dans les *Trois essais*, Freud n'évoque même pas l'existence d'un père si ce n'est comme « rival » auprès de la mère – le père, dans un premier temps, on n'en a pas besoin pour expliquer l'enfant des premiers jours, des premières années. On a besoin du père juste pour en dire que, curieusement, la fille devrait quitter son premier objet, la mère, « pour trouver son chemin jusqu'à son père [2] » ; mais quitte-t-elle vraiment sa mère, et sous l'influence de quel facteur ? Là, Freud déclare forfait : il ne sait pas l'histoire de la fille, c'est une histoire trop compliquée, trop « pré-œdipienne », trop mystérieuse, trop refoulée... Il ne voit pas que cette enfant n'a pas de parent de sexe opposé suffisamment proche d'elle pour qu'elle fasse une fixation inconsciente sur lui, il ne voit pas qu'*elle n'a pas de père*, puisqu'on la laisse à sa mère pendant des années et que, pendant des années, *elle ne fait pas d'Œdipe*... Elle reste dans le pré-Œdipe...

Et alors s'ouvre l'incessante question des psychanalystes d'aujourd'hui : « Un père, qu'est-ce que c'est ? »

D'ailleurs, depuis cent ans que l'inconscient a été découvert, quelle place a-t-on faite aux pères dans la

---

1. Prost et Royer, *Mémoire sur la conservation des enfants*, 1778.

2. Sigmund Freud, *La Vie sexuelle*, traduit par Denise Berger, Jean Laplanche, 9e éd, PUF, 1992, p. 139.

formation du jeune enfant ? Freud lui-même n'a-t-il pas évoqué seulement le père comme un des représentants de l'histoire du Mythe primitif ? Le père dont nous parle Freud dans *Totem et Tabou* est un père « sauvage », « violent » et « jaloux » que ses fils ne peuvent que haïr et tuer pour exister... Nous n'en sommes plus là et si les pères du Moyen Age furent des pères redoutables pour leurs enfants, Dieu merci, l'humanisme est passé par là et les lois des différentes républiques ont enlevé systématiquement aux pères le droit de sévir auprès de leurs enfants mineurs comme de leurs enfants majeurs... Donc, il faut trouver chez Freud une origine personnelle à cette crainte ancestrale des pères que l'on peut rapprocher de son origine juive... Dans cette religion, en effet, crainte de Dieu et crainte du père se relaient, et amour et respect des parents engendrent culpabilité et ambivalence des enfants.

Si, dans *Totem et Tabou*, Freud prend la peine d'étudier la place de Dieu dans le cœur de ses fils, c'est dans le but de définir, sans nul doute, sa propre place auprès de son père terrestre... D'ailleurs il s'en explique clairement :

« De l'examen psychanalytique de l'individu il ressort avec une évidence particulière que le Dieu de chacun est *l'image de son père*, que l'attitude personnelle de chacun à l'égard de Dieu dépend de son attitude à l'égard de son père charnel [1]. »

Et voilà le texte auquel les sentiments secrets de Freud vis-à-vis du père donnèrent lieu :

« Ils [les fils] haïssaient le père qui s'opposait si violemment à leur besoin de puissance et à leurs exigences sexuelles, mais tout en le haïssant ils

---

1. Sigmund Freud, *Totem et Tabou : interprétation par la psychanalyse de la vie sociale des peuples primitifs*, traduit par Samuel Jankélévitch, Payot, « Petite bibliothèque Payot », 1989, p. 169. Souligné par l'auteur.

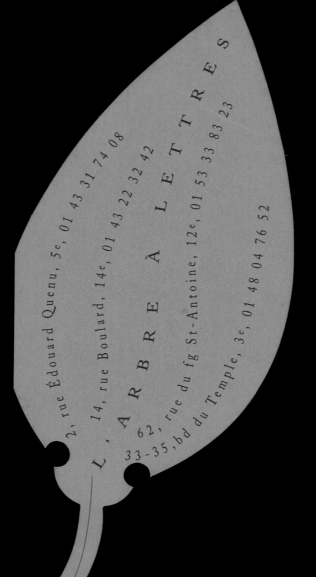

2, rue Édouard Quenu, 5e, 01 43 31 74 08

14, rue Boulard, 14e, 01 43 22 32 42

L'ARBRE À LETTRES

62, rue du fg St-Antoine, 12e, 01 53 33 83 23

33-35, bd du Temple, 3e, 01 48 04 76 52

L'ARBRE A LETTRES

2, rue Édouard Quenu, 5e, 01 43 31 74 08

14, rue Boulard, 14e, 01 43 22 32 42

'rue St-Antoine, 12e, 01 53 33 83 23

62, rue du fg St-Antoine, 01 48 04 76 52

33-35, bd du Temple, 3e,

l'aimaient et l'admiraient. Après l'avoir supprimé, après avoir assouvi leur haine et réalisé leur identification avec lui, ils ont dû se livrer à des manifestations affectives de tendresse exagérées. [...] C'est ainsi que *le sentiment de culpabilité* du fils a engendré les deux tabous fondamentaux du totémisme qui, pour cette raison, devaient se confondre avec les deux désirs réprimés du complexe d'Œdipe [1]. »

« Je pourrais donc terminer et résumer cette rapide recherche en disant qu'on retrouve dans le *complexe d'Œdipe* les commencements à la fois de la religion, de la morale, de la société et de l'art, et cela en pleine conformité avec les données de la psychanalyse [2]. »

Généralisation fort intéressante qui fait de l'Œdipe le fondement de toute culture humaine... Freud, pour ne pas avoir voulu ou pu parler de sa propre relation au père, a fait le tour d'un père mythique. Mais les chemins des mythes mènent plus facilement au père symbolique et éternel dont Dieu est une parfaite image, qu'au père réel de tous les jours qui manque cruellement dans la théorie freudienne.

La paternité ne changea pas de visage avec les psychanalystes qui firent suite à Freud et étaient obsédés, eux aussi, par la différence de nature, cette fois-ci inconsciente, à maintenir entre mâles et femelles.

Winnicott nous parlant de « l'enfant et sa famille » en vérité ne nous parle que de la relation mère-enfant, se refusant lui-même en tant qu'homme à éprouver quoi que ce soit vis-à-vis de ce petit bout de chair lui appartenant. « Seule une femme peut vivre cette expérience. » « Je suis un homme et, *par conséquent*, je ne peux pas savoir réellement ce que

---

1. *Ibid.*, p. 164.
2. *Ibid.*, p. 166.

c'est que de voir là, emmitouflé dans un berceau, un petit morceau de ma personne, un petit morceau de moi ayant une vie indépendante et qui, peu à peu, devient une personne [1]. »

Voilà quelqu'un qui dit clairement qu'un enfant est ressenti par le père comme un petit bout de lui-même qu'il abandonne à la femme. Peut-être les hommes ne croient-ils pas devoir aimer ces petits bouts-là, peut-être ne se souviennent-ils pas combien ils auraient voulu être aimés « aussi » de leur père et ne pas dépendre toujours du bon plaisir d'une mère... Et voici la preuve de ce qu'il vient d'avancer, s'il *aime* l'enfant, c'est qu'il *devient* une mère. Lisez cela :

« Les pères jouent également un rôle dans tout cela, non seulement parce qu'ils peuvent être de *bonnes mères* pendant des périodes de temps limitées, mais aussi parce qu'ils peuvent aider à protéger la mère et l'enfant contre tout ce qui tend à s'immiscer dans le lien existant entre eux [2]. » Winnicott est vraiment prêt à tout, pourvu que ce bébé ne se fixe pas à lui, mais reste bien accroché à sa mère. Se croit-il ou se veut-il incapable d'assurer une continuité d'amour paternel ? On ne sait pas, mais il est clair qu'il se minimise pour mieux s'écarter de la dyade mère-enfant, dont il ne veut absolument pas faire partie en tant qu'homme...

« Vous êtes en train [vous, les mères] d'édifier la santé d'une personne qui sera un membre de la société. Cela vaut la peine qu'on s'y attache [3]. » Sûrement, cher monsieur, mais alors pourquoi ne prenez-vous pas la peine de vous attacher vous aussi à la formation inconsciente de cet enfant ?

---

1. Donald Woods Winnicott, *L'Enfant et sa famille*, Payot, « Petite bibliothèque Payot », 1991.
2. *Ibid.*, p. 12.
3. *Ibid.*, p. 24.

Et nous allons refermer ce livre si incroyable (écrit en 1957) sur cette assertion : « Le père est *incapable de tirer du plaisir* du rôle qu'il doit jouer et *incapable* de partager avec la mère la *grande responsabilité* qu'un bébé représente toujours pour quelqu'un [1]. » Ahurissant, et désolant jusqu'au bout, ce psychanalyste qui se pique de rassurer les mères en leur faisant constater qu'elles devront élever *seules* l'enfant conçu à deux!

Et dégagé de toute responsabilité, voilà comment il imagine le bien-être de l'enfant :

« Si les bébés doivent finalement évoluer jusqu'à devenir des individus adultes, sains, indépendants et socialisés, il est absolument nécessaire qu'ils aient un bon départ. Ce bon départ est assuré grâce à l'existence d'un lien entre la mère et le bébé, grâce à ce qu'on appelle l'amour [2]. »

Hélas! tout ce qu'il avait conseillé est arrivé : les femmes élèvent bien souvent seules des enfants que leurs maris n'ont pas su aimer et dont ils n'ont surtout pas voulu être responsables.

On peut arguer du fait que ce psychanalyste est un homme, et qu'il a peur d'être assimilé à une femme. Il veut bien être père à condition de ne pas avoir la responsabilité de l'enfant; il veut bien être père, si cela ne bouleverse en rien sa vie au travail et sa place dans la société; il veut bien être père, si sa femme l'assure qu'elle va garder l'enfant pour elle et le protéger, lui, le père, d'être ficelé par cet enfant...

Mais que dirait une femme psychanalyste qui n'aurait pas la même peur? Une femme qui a l'écoute et le respect de tous, Françoise Dolto par exemple? On ne peut éviter d'être surpris : le discours est pratiquement le même. Lorsqu'elle fit une série d'émissions radio sur France-Inter pour

---

1. *Ibid.*, p. 101.
2. *Ibid.*, p. 11.

répondre aux questions des mères en problème, il lui arrivait souvent de demander « Et le père ? » ou « Que fait son père ? » et elle se prenait à regretter qu'on n'*évoquât* pas le père. Que cette mère, seule à avoir la responsabilité de l'enfant et seule chez elle au moment de l'émission, ne parle pas de celui qui ne fait pas partie de la dyade et ne veut pas en faire partie, quoi de plus logique ?

Françoise Dolto, pour ne pas déroger à la volonté machiste de Jacques Lacan, ne veut que d'un père symbolique, qui n'existe que dans la parole de sa femme d'abord, puis dans les échanges verbaux avec l'enfant quand il a acquis la parole. Françoise Dolto aura été celle qui a passé son temps et sa plume à dire, à écrire, que le père il faut « en parler », qu'il soit présent ou absent, mort ou vif... Cela revient, hélas, souvent au même !

Françoise Dolto a répondu un jour à un père qui ne savait comment se faire accepter et aimer de ses enfants : « Surtout, que les pères sachent bien que ce n'est pas par le *contact physique*, mais par *la parole* qu'ils peuvent se faire aimer d'affection et respecter de leurs enfants [1]. »

C'est toujours la même histoire, la mère s'occupera du corps de l'enfant, elle fera avec lui de la sensualité, de la tendresse, elle lui apprendra l'amour ; et le père, lui, s'occupera du savoir, de la culture, comme si la mère ne savait rien, ni de la culture, ni de la société... La même discrimination entre les nourrices et les précepteurs du Moyen Age subsiste encore en 1977, la seule différence c'est que Rousseau a été entendu : la nourrice, c'est la mère de l'enfant et son précepteur, c'est le père ! Quelle radicalisation ! Quel sexisme du corps et de l'esprit !

Il y a beaucoup à craindre que ce père, que ses

---

1. Françoise Dolto, *Lorsque l'enfant paraît*, Réimpr., Seuil, 1990, p. 171.

enfants n'aimaient pas, ne soit jamais arrivé à se faire aimer, justement parce qu'il avait sans doute oublié d'avoir un corps à corps d'amour avec ses nouveau-nés, soit parce que sa femme le lui avait interdit soit parce qu'il croyait lui-même que ce n'était pas la place de l'homme...

Quel être sensé, psychanalyste ou pas, peut nier que le bébé s'attache à la personne qui s'occupe de lui corporellement, et que tous ses sens reconnaissent la personne à laquelle il est habitué, bien avant qu'il n'y ait échange de mots entre eux? Sinon, comment expliquer l'objet transférentiel? La tétine (celle-là et pas une autre), le vieux nounours crasseux (qu'il ne faut pas laver parce qu'il porte une odeur spécifique que l'enfant reconnaît entre mille), le vieux bout de chiffon qui a traîné partout (mais qui est le seul qu'il cherche avec autant de fébrilité). Comment pouvoir dire ou écrire qu'un père ne se fera pas aimer par le contact physique, alors que c'est le seul moyen d'entrer dans la bulle du très jeune enfant qui, dans ses premiers mois, n'a comme repères que l'odeur du corps de l'Autre, la peau spécifique et particulière de l'Autre, le *holding* (façon de tenir l'enfant) de l'Autre, le bruit des pas de l'Autre, et enfin la chanson que fait sa parole quand il parle, qu'il soit content ou en colère?... L'enfant ne comprend pas les mots puisqu'il n'a que des images et ne dispose ni du symbole, ni du mot qui désigne la chose avant l'âge de douze mois. Jusque-là le père doit-il rester un étranger à son enfant, sous prétexte qu'il n'a le droit de communiquer qu'avec les mots?

Comment ne pas s'étonner de trouver sous la plume des analystes lacaniens, un demi-siècle plus tard, des formulations comme celle-ci:

« Parce que la dimension du Père symbolique transcende la contingence de l'homme réel, il n'est donc pas *nécessaire qu'il y ait un homme pour qu'il y ait un père*... Le rôle symbolique du père est avant tout sous-tendu par l'attribution *imaginaire* de l'objet phallique [1]. »

Joël Dor en arrive à faire disparaître complètement la nécessité du père réel derrière celle du père symbolique, le symbole étant ce qui « représente » la personne ou la chose en son absence. Nous pouvons comprendre que pour les lacaniens le père est absent au départ dans la vie de l'enfant :

« Le " père réel ", préalablement " étranger " à la relation mère-enfant, ne saurait se trouver long-temps assigné dans une telle extériorité. En tant que père réel, sa présence apparaîtra inévitablement de plus en plus gênante à l'enfant, dès lors qu'elle prendra une certaine consistance vis-à-vis du désir de la mère [2]. »

Quant à Lacan, s'il utilise le mot de « réel », c'est pour en exclure tout aussitôt le père :

« Le père n'est pas un *objet réel*, alors qu'est-ce qu'il est? Le père est une métaphore [...] Un signifiant qui vient à la place d'un autre signifiant [...] La fonction du père dans le complexe d'Œdipe est d'être un signifiant substitué au signifiant [3]. »

Plus simplement, Anika Lemaire nous explique que le père est celui qui se substitue à l'enfant pour l'empêcher de « s'identifier au phallus manquant de la mère ». Nous ne sommes pas loin de la formulation freudienne : pénis = enfant... Si Freud n'avait pas découvert de fonction au père autre que celle de rival auprès de la mère, Lacan et ses disciples lui ont trouvé toutes sortes de fonctions toujours situées en

1. Joël Dor, *Le Père et sa fonction en psychanalyse*, Point hors ligne, 1989. Souligné par l'auteur.
2. Jacques Lacan, « Les formations de l'inconscient », *Séminaire*, janvier 1958.
3. Anika Lemaire, *Jacques Lacan*, Mardaga P., 1978. Souligné par l'auteur.

dehors de la tendre dyade primitive mère-enfant et ayant toujours à voir avec un père, frustrateur, privateur et tenant de la Loi.

« Par ailleurs, l'empêchant de l'avoir toute à lui, le père, découvert comme ayant droit sur la mère, se manifeste alors à l'enfant comme *interdicteur*. La privation jointe à l'interdit ne peut enfin susciter chez l'enfant que la représentation d'un père *frustrateur* lui imposant d'être confronté au manque imaginaire de cet objet réel qu'est la mère et dont il a besoin.

« Plus généralement, le père est pressenti comme un objet *rival* auprès du désir de la mère, dès lors qu'il paraît comme *autre* par rapport à la dyade fusionnelle mère-enfant[1]. »

Voilà la réponse lacanienne si répandue à la question « Qui est le père ? » Il est un « intrus » fort peu sympathique... Et quel père aurait envie de s'engager dans un tel processus ? D'autant qu'il ne peut s'introduire dans la dyade mère-enfant que si la mère lui donne sa place de père et le « nomme ».

« Le père n'est présent que par sa Loi qui est parole, et ce n'est pas dans la mesure où *sa parole est reconnue par la mère* qu'elle prend valeur de Loi. Si la position du père est mise en question, l'enfant demeure assujetti à sa mère[2]. »

« Pour que le père soit reconnu comme représentant de la Loi qui fait l'humanité, il faut que sa parole soit reconnue par la mère. Car seule la parole donne au père une fonction privilégiée[3]. »

Voilà l'apparition de ce qu'on appelle le « Nom du Père ». C'est la mère qui détient la métaphore entre ses mains et il n'y aura de père que si elle le veut bien... Elle paraît détentrice de tous les pou-

1. Joël Dor, *op. cit.*, p. 58. Souligné par l'auteur.
2. Jacques Lacan, *op. cit.* Souligné par l'auteur.
3. Anika Lemaire, *op. cit.*

voirs pour le moment, mais si jamais elle a le malheur de déclencher l'opération père selon Lacan, elle va les perdre en un instant, car pour introduire le père, il a fallu qu'elle se montre en situation de dépendre de lui et de son statut d'homme en tant qu'il est le *seul* à détenir le pénis : elle devient donc mineure par rapport à lui, le père ayant comme devoir premier de lui imposer comme à l'enfant la *Loi* qui n'est rien d'autre que l'interdit de l'inceste. Il dit à la mère : « Tu ne réintégreras pas ton produit », et à l'enfant : « Tu ne seras pas le phallus de ta mère », autrement dit le père a comme fonction de séparer ces deux-là, qui s'entendaient trop bien.

Si, dans un premier temps de sa théorie, Lacan a suivi Freud pour ce qui est de l'éloignement du père vis-à-vis du nouveau-né, et s'il l'a carrément rayé du réel de l'enfant, constatant son absence réelle quasi générale dans les familles, il a cru bon dans un deuxième temps de le réhabiliter, de le faire revenir par les coulisses... Pour un autre rôle dérivé du « pater familias ».

Il va être chargé de faire respecter la Loi, la Loi qu'il ne respecte pas lui-même dans bien des cas : l'inceste se passe entre père et fille ou beau-père et belle-fille, comme si le père n'avait pas eu son content de sensualité et de corporel avec l'enfant petit, alors que la mère, du seul fait qu'elle s'est sentie si proche de l'enfant, n'a pas besoin, en plus, d'emmêler des corps qui l'ont déjà été. Sa jouissance de femme enceinte, qui contient l'autre, elle l'a déjà eue. Donc le père est très mal parti pour faire respecter une triangulation que trop souvent il ne respecte pas lui-même.

Mais toute cette brillante théorie ne marche qu'un temps, le temps où le couple fonctionne. Dans le cas contraire, en même temps que se crée la dissension dans le couple, se crée la division interne de l'enfant qui ne peut plus avoir recours à l'existence de son père en tant que « Nom » de celui qui satisfait sa mère.

Le « Nom du Père » est ce qu'il y a de plus fragile dans cette construction lacanienne et nous en voyons tous les jours l'exemple sous nos yeux : les enfants, au moment du divorce, suivent la mère comme ils l'ont toujours fait depuis leur naissance. Le père n'avait qu'un droit dérivé de la reconnaissance maternelle, et le jour où la mère ne reconnaît plus son mari, l'enfant perd son père, faute d'une autre relation plus archaïque, plus enracinée avec ce père géniteur, princeps.

Le père n'est plus qu'un objet à transmettre, l'homme est là, tenu captif par la femme, et, sous prétexte qu'il ne représente plus le phallus pour sa femme, il ne représente rien pour ses enfants ; drôle de traquenard décrit, en 1958, par Lacan [1] pour qui le « Nom du Père », sous couvert de donner aux pères une fonction très noble, celle de la parole, n'a en vérité rien donné aux pères qui n'avaient pas pris soin de nouer des liens prégénitaux et corporels avec leurs enfants nouveau-nés. Leçon sévère pour tous ceux qui s'aperçoivent, après coup, qu'on se fait aimer dans la proximité et l'intimité physique et pas seulement par la parole...

Hélas ! Depuis trente ans les psychanalystes ont tous marché comme un seul homme (même les femmes), derrière le père repère de cette nouvelle science de la vie qu'est la psychanalyse. En 1980, Bernard This, fidèle disciple de Jacques Lacan, écrivait : « La *paternité* est essentiellement *liée au fait de parler*. C'est la parole qui nous constitue et nous situe comme " père ", " fils ", ou " fille " [...], *c'est par la mère que le père symbolique est donné*

---

1. Jacques Lacan, *op. cit.*

à l'enfant [1]. » Toujours ce père symbolique, venant à travers la parole de la mère... Les hommes ne se rendent-ils pas compte que les femmes, en les mettant au ciel, risquent de les mettre au grenier?

A la même époque on peut lire, sous la plume de Joël Clerget : « Le tournant organisateur de la fonction paternelle c'est que aucun père n'achève la paternité, *aucun père n'est le père* [2]. » Evidemment qu'aucun père n'achève la paternité, ni aucune mère la maternité, ce serait la fin de tout, si un jour un être humain faisait le tour de sa fonction! Heureusement qu'il reste toujours quelque chose à désirer, à attendre de ses parents : c'est ce qui fait que les enfants ont envie d'aller plus loin que nous et c'est ce qui fait que, désirant ce dont nous avons manqué, ils sont les maillons d'une chaîne désirante et vivante qui s'appelle une lignée.

En 1985, le docteur Naouri, pédiatre, écrit un livre intitulé *Une place pour le père*, mais c'est toujours de la même place qu'il s'agit : celle que la mère accorde ou n'accorde pas à celui qui n'a pas fait partie de la dyade primitive. Et les deux premières lignes de son livre sont les suivantes : « C'est en lui désignant son père que toute mère introduit son enfant au monde symbolique [3]. » A la suite de quoi il nous invite à tout un périple douloureux au sein de familles où l'enfant-symptôme désigne un père réduit à néant par la parole de la mère et où l'on perçoit aisément que le pouvoir d'une mère est absolu, allant jusqu'à tenir pour rien le géniteur, qui n'a de père que la désignation, mais jamais le rôle. Même nommé comme « père », le père n'arrive pas à prendre auprès de l'enfant une autre place que celle

1. Bernard This, *Le Père : Acte de naissance*, Seuil, 1980.
2. Joël Clerget, « Etre père aujourd'hui », *Chroniques sociales*, Ed. du Cerf, 1979, p. 69. Souligné par l'auteur.
3. Aldo Naouri, *Une place pour le père*, Seuil, 1992, p. 9.

que la mère lui reconnaît en son for intérieur! « Il est réduit à un noyau de doute que ne peut tempérer aucun stigmate biologique, lentement il se construit dans les avatars d'une position, qui risque à jamais de le perdre s'il confond son rôle avec celui de la mère [1]. »

Si les lacaniens s'acharnent à donner au père la charge d'une Loi qui serait inconnue de la mère – supposée « incestueuse » et ayant besoin de la parole séparatrice du père pour renoncer à son enfant –, Aldo Naouri prévoit les pires malheurs pour les pères qui confondraient leur rôle avec celui de la mère, c'est-à-dire pour les pères qui confondraient leur sexe avec celui de la femme... Car c'est bien de cela qu'il s'agit; pour certains, la différence de sexe entre les parents n'apparaîtra aux yeux de l'enfant que si la discrimination des rôles auprès de lui est évidente!

Cette discrimination première, qui fit de la femme dès l'Ancien Testament la pécheresse, puis au Moyen Age la sorcière, fait d'elle aujourd'hui « l'œdipienne », celle dont il faut surveiller le comportement avec l'enfant, et qui, sans l'introduction du père porteur d'une loi imaginaire et idéale, ne pourra éviter de tomber dans l'erreur de nature que serait l'inceste. Cela suppose toujours que l'on considère la femme d'un certain point de vue... Lequel a toujours été celui de l'homme misogyne.

Au cours d'un colloque en 1988 intitulé « Père et Paternité », on a eu l'occasion d'entendre plusieurs médecins et chercheurs défendre, envers et contre toute la matrilinéarité existante, le point de vue du père idéal, imaginaire, à introduire par la mère réelle, nourricière, maternelle.

Jean Guyotat nous dit : « La fonction paternelle

---

1. *Ibid.*, p. 318.

apparaît donc comme moins " naturelle " que celle de la mère, qui a avec son enfant ce que j'appellerais un lien de corps à corps beaucoup plus évident bien qu'il puisse en être de même peu à peu entre le père et son enfant. » Et, quelques lignes plus loin, il constate : « La fonction nourricière du père, moins proche que celle de la mère, répartit peu à peu les rôles entre le père et la mère, avec [il n'oublie surtout pas...] *la différence des sexes qui est perçue.* Le père étant par définition de sexe masculin, le régime relationnel qui s'établit ne peut que s'appuyer sur la *différence des sexes.* On peut cependant remarquer que l'attaque de l'institué paternel peut être vécue par le père réel comme mettant en doute son *identité sexuelle* [1]. » Et voilà le point d'achoppement : l'homme adulte, encore terrorisé par le fait d'avoir passé toute sa période archaïque avec une femme, n'est pas encore remis de la terreur de devenir lui-même une femme ! Et c'est de cela qu'il se garde bien quand il évite de s'occuper du bébé : le père ne doit *surtout* pas prendre l'identité d'une femme !

Le professeur Ferrari, dans ce même colloque, prenant la parole à propos de l'importance de la fonction paternelle, nous dit : « Alors que la fonction maternelle repose sur des soubassements biologiques précis qui engagent mère et enfant dans un rapproché corporel, dans un corps à corps si caractéristique de leur relation, le père est engagé avec l'enfant dans une relation plus distante et à charge plus symbolique que pulsionnelle. Plus que de père, il conviendrait ainsi de parler de *fonction paternelle*, et l'on pourrait avancer de façon un peu provocante [très provocante !] qu'il n'y a aucune importance pour un enfant d'avoir un père, et que ce qui

---

1. « Père et Paternité », *Revue des affaires sociales*, novembre 1988, p. 54. Souligné par l'auteur.

importe est moins la *réalité* biologique ou psychologique du père que *l'image du père* forgée par l'enfant au cours de son évolution.

« [...] Il est surtout celui qui vient rompre le système dyadique, empêchant que celui-ci, source d'intenses satisfactions pulsionnelles tant pour la mère que pour l'enfant, n'épuise rapidement ses effets et n'engage les protagonistes dans une sorte de rapport spéculaire... La persistance d'un tel système entraînerait la mère à mettre en acte dans sa relation avec l'enfant certaines de ses difficultés fantasmatiques propres, comme vient l'illustrer la clinique psychosomatique du nourrisson [1]. »

Comme si l'introduction du père était celle d'un arbitre symbolique qui réglerait tous les problèmes existant entre l'inconscient de la mère et celui de l'enfant. Eh bien non, le père n'est pas le grand sorcier, ni le grand sauveur de l'enfant, qui viendrait le tirer des griffes maternelles, le père, c'est celui qui sert à l'Œdipe de sa fille et à l'identification de son fils, comme la mère déclenche l'Œdipe de son fils et sert de repère identificatoire à sa fille.

Le père dont nous parle tous ces médecins, c'est le père d'un système patriarcal où l'autorité appartient au père, et, comme l'écrit Gérard Mendel : « La paternité [et avec elle le patriarcat et le paternalisme] ne sont pas des phénomènes innés, mais des réalités introduites *par* la société. La question est de savoir *comment* ces réalités ont été introduites *dans* la société. Autrement dit, d'où vient le premier Père ?

« [...] La question du Père dépasse ainsi singulièrement le cadre du petit trio familial. Car le père, c'est non seulement le père biologique, non seulement le père familial, mais aussi le Père – avec une majuscule – des grandes religions monothéistes du Dieu-

---

1. *Ibid.*, p. 79.

Père : le judaïsme, le christianisme et l'islam. Dans la société, le pouvoir a ainsi toujours appartenu aux hommes et jamais aux femmes, ce fait doit bien se rattacher quelque part à la question du Père [1]. »

Cet auteur s'est attaché à montrer combien le système patriarcal, y compris dans ses reflets inconscients, a toujours été le règlement d'un rapport de force entre mâle et femelle, et comment le phallus érigé en symbole de la puissance adulte mâle venait en contrepartie de la toute-puissance archaïque de la Mère du premier âge. Ce système a toujours été soutenu par la religion, mais la religion et la reconnaissance du Père céleste s'écroulant, qui possède aujourd'hui le phallus patriarcal? Et Gérard Mendel de nous montrer à quel point c'est l'univers archaïque de la mère qui domine maintenant la société soutenue non par la religion, mais par l'Etat « qui n'est plus vécu, au niveau inconscient, comme un personnage masculin et paternel, mais comme une image maternelle archaïque. L'image de la mère, de la toute petite enfance, se prolonge derrière l'Etat, et les citoyens-nourrissons attendent tout d'elle. C'est l'Etat-providence [2]. »

Mendel écrivant ceci en 1979 précède de peu la célèbre sociologue Evelyne Sullerot, qui, en 1988, nous parle du « Pater familias », que « concurrencent » la mère et l'Etat : « Lorsque la famille était une petite communauté économique dont il était le pourvoyeur [...], le père jouissait d'une autorité qui s'est singulièrement érodée du fait de l'apport impersonnel de l'Etat protecteur : école gratuite, remboursement des frais médicaux, allocations diverses [3]... »

---

1. Gérard Mendel, *Quand plus rien ne va de soi : apprendre à vivre avec l'incertitude*, Laffont, 1979, p. 19.
2. *Ibid.*, p. 80.
3. Revue des affaire sociales, *op. cit.*, p. 149.

Le père pourrait-il alors avoir un autre rôle? Un rôle affectif peut-être proche de celui de la mère? Surtout pas, s'écrie Gérard Mendel, qui tient beaucoup à ce que la période archaïque se passe avec la mère et l'acculturation avec le père :

« Résumons-nous : le rôle tenu par la mère et par le père auprès de l'enfant, les images sociales de la femme et de l'homme, leurs différences culturelles ne viennent pas " naturellement " du sexe biologique, mais d'un partage organisé par les mâles (même s'ils ne le savent pas consciemment), entre deux étapes du développement de l'enfant qui n'existent que dans notre espèce.

« Dès lors, un unirôle parental ne permettrait pas à l'enfant de s'installer durablement et solidement dans la deuxième phase [...] En termes psychanalytiques, il ne pourrait y avoir pour le garçon ni conflit œdipien sous sa forme traditionnelle, ni dépassement de ce conflit par une identification réussie au père. Père, mère, première et deuxième phase, tout demeurerait plus ou moins mélangé, confondu, amalgamé [1]. »

Cela veut dire que tout en reconnaissant l'arbitraire qui préside à l'attribution des rôles selon les phases de l'enfance : « en gros, l'irrationnel aux femmes, le raisonnable aux mâles », Gérard Mendel a peur, lui aussi, que les garçons (toujours eux!) soient sujets à des troubles d'identification si on change le système patriarcal... Malgré ce qu'il en dit, il n'est donc pas si loin qu'on pourrait le croire de se rallier au thème « quasi mystique » du phallus chez Lacan, qu'il a qualifié d'« ultime tentative pour figer l'Histoire et maintenir ce qui peut encore aujourd'hui demeurer du *nom du père* ou de la *loi du père* [2] ». Effectivement, avant de lui inventer un

1. *Quand plus rien ne va de soi, op. cit.*, p. 66.
2. *Ibid.*, p. 59.

« nom », Lacan n'avait-il pas constaté la carence du père? Et son nom ne vient-il pas là fonctionner comme signifiant vide?... Il n'y a plus de père, il n'en reste que le nom!

Mais croit-on que l'Histoire « puisse jamais s'arrêter ou bien revenir en arrière », comme Gérard Mendel le dit? Non, l'histoire de la guerre des pouvoirs entre hommes et femmes s'est poursuivie, et les femmes, ayant décidé que l'anatomie ne déciderait plus de leur destin, ont continué leur route vers des vies où abandonner leur propre nom pour adopter celui de l'homme qu'elles épousaient ne les intéressait plus : elles avaient trouvé d'autres moyens d'exister que d'être « femme de »... Et les femmes n'ont plus eu besoin ni du « nom » de l'homme, ni de sa « loi », ni pour elles, ni pour leurs enfants. Si, aux alentours de 1960, 92 à 93 % des femmes concluaient une union légitime, en 1985, elles n'étaient plus que 54 % [1]. En même temps le taux de divortialité passait de 10 % en 1960 à 30 % en 1985, le nombre des femmes célibataires avec enfants ne faisait qu'augmenter. Patrick Festy relève que 85 % des femmes divorcées vivent avec leurs enfants.

Voilà bien la fin dûment constatée du patriarcat, et elle nous vient de très loin! Car la liberté des sentiments remonte à Rousseau. En effet, il avait imaginé ce qui nous arrive : la famille transitoire – mais les raisons n'en sont pas exactement celles qu'il avait prévues (il voyait la famille comme une cellule nécessaire à l'enfant et appelée à se disjoindre dès que l'enfant n'en aurait plus besoin). En effet la famille est devenue transitoire et même accessoire dans la mesure où elle ne repose que sur les libres sentiments d'amour de l'homme et de la femme, et surtout de la femme, qui, selon ses variations amoureuses, a le pouvoir psychologique (acquis dans le

---

1. Patrick Festy, *Revue des affaires sociales, op. cit.*, p. 16.

maternage avec l'enfant) et l'autorisation de la loi (qui ne sépare pas les enfants de la mère) de *rapprocher ou séparer les enfants d'un père*, à qui elle accorde son estime ou pour qui elle n'a que mépris.

La famille repose non plus sur l'enfant, mais sur le couple. Or le couple est éminemment fluctuant de par sa nature qui vise à la complémentarité idéale entre deux êtres, complémentarité toujours à remettre en question en face d'un nouveau partenaire éventuel. Si on ne pose pas de limites sociologiques à la fluctuation de nos amours, toutes les familles vont devenir transitoires, et tous les enfants vont devoir changer de parents plusieurs fois... Surtout de père, puisqu'il semble que le divorce soit à 75 % demandé par la femme, et qu'à cette occasion le vrai père disparaisse dans 54 % des cas [1]... Les femmes sont devenues les grandes responsables, d'abord de l'enfant et maintenant de la famille et de sa solidité. Ceci ouvre la question : le père ne peut-il être que celui que la mère aime? Et, s'il n'est plus aimé de sa femme, peut-il continuer à être père? Qu'est-ce qu'un père désavoué par la mère?

On peut mesurer aujourd'hui le danger introduit par la proposition lacanienne du « Nom du Père » soumis à la parole de la mère aimante, et la folie qu'il y a à laisser l'enfant se fixer dans les premiers mois à cette unique femme qu'il aime et entend de façon unique, quitte à renoncer à tout ce qu'elle n'aime plus... y compris le père!

On comprend Evelyne Sullerot qui écrit : « Le père, lui, appartient au deuxième sexe parental, celui qui compte le moins, qui passe après, qui n'apparaît pas indispensable à l'enfant [...]

« Même dans les foyers unis où parents et enfants vivent ensemble, définir aujourd'hui le rôle du père

---

1. Revue *Population et Avenir* (enquête INED 1985), n° 587, p. 10.

n'est pas chose aisée. Beaucoup plus incertain de son statut que naguère, le père semble à la recherche de son territoire propre [...] Il se demande s'il n'a pas, lui aussi, le droit de materner. Il hésite. Et la société hésite à le définir[1]. »

Les hommes ont renoncé à faire comme leur propre père et ils refusent le pouvoir du « pater familias », mais beaucoup d'entre eux n'ont pas renoncé à se faire aimer de cette partie d'eux-mêmes qu'est l'enfant souhaité... Seulement, ils ne savent pas comment se faire aimer, car ils pensent que pour cela il faudrait faire ce que font les mères et ils refusent d'être des pères-mères.

C'est ce mot de père-mère ou de père « maternant » qui les hérisse comme si on les réduisait à changer de sexe. Ils ne savent pas que « paterner » est une fonction qui leur revient mais qu'elle demande du temps, de la présence, des mots... Et que « materner » revient à la mère qui prend ce temps, donne cette présence, dit ces mots et que, du coup, le « maternage » l'emporte sur le « paternage ». C'est là, au moment du paternage, que les pères se laissent dépasser par les mères, se laissent déborder par leur profession d'homme, sans avoir le courage de réclamer, de faire voter des lois spécifiques aux jeunes pères, comme il y en a pour les mères...

Le paternage de son enfant est le *seul moyen* de s'attacher à vie sa descendance biologique et de concilier paternité de nom et paternité de cœur, de concilier le père biologique et le père qui aime. Au lieu de retourner toujours à la formule célèbre de Marius : « Le père, c'est celui qui aime », on pourrait dire : « Le père, c'est celui qui engendre et qui aime l'enfant », mais on n'aime pas par correspondance

---

1. *Revue des affaires sociales*, op. cit., p. 144.

et, pour l'avoir trop fait, les pères ont perdu leur place de parent aimé.

Ma fille me posa un jour cette question digne de résumer toute la place du père selon les psychanalystes, comparée à la place « abandonnée » par eux à la mère :

« Dis, tu préfères qu'on t'aime et qu'on te déteste [comme cela était, puisque je passais tantôt de la place de mère gratifiante à celle de mère frustrante et qui impose la loi], ou qu'on s'en fiche comme avec papa ? » La surprise m'a coupé le souffle, mais ma réponse intérieure fut immédiate : oui, je préférais qu'on m'aime et me déteste, c'est-à-dire que je ne laisse pas indifférente !

Tant que les pères n'auront pas pris une place « parentale » dans la vie de l'enfant en le paternant dès ses premiers jours, comme les mères le font grâce à leur congé-maternité, suivi très souvent d'un congé parental (qu'elles sont bien les seules à prendre alors qu'il a été institué, comme son nom le dit, pour l'un ou pour l'autre des parents), personne ne pourra les considérer comme parents à part entière et, en cas de divorce, ils n'auront qu'une petite part de l'enfant... C'est cela que les pères doivent se mettre dans la tête avant de crier au « vol d'enfant ».

Je fais partie de ceux qui pensent que la disparition des pères est une catastrophe pour les enfants, mais que les pères ont eux-mêmes beaucoup contribué à cette disparition en ne prenant pas leur part de responsabilité dans la vie du bébé, la plupart d'entre eux s'effaçant à tort devant les mères, les croyant ancestralement plus douées qu'eux pour ce qui est des nourrissons. Refus, lâcheté, égoïsme, abandon ? Nous y reviendrons. Pour l'instant, bornons-nous à un constat : le père a trois jours pour « faire connaissance » avec son enfant, et la mère a trois mois ou trois ans... Inégalité de départ que plus personne ne peut rattraper par la suite.

Evelyne Sullerot, dans son dernier livre *Quels pères? Quels fils?*, constate que les pères, s'accrochant à leur différence d'avec les mères, refusent la symétrie des rôles : n'est-ce pas l'évangile psychanalytique de Freud et Lacan qu'ils mettent en pratique?

« Au nom de leur différence, les pères traînent les pieds et ne se précipitent pas, c'est le moins qu'on puisse dire, pour partager les tâches matérielles à la maison [...] Ils ne se précipitent pas, toujours au nom de leur différence, pour partager les soins aux bébés [...]

« En s'accrochant à leur différence, ils font échec à l'égalité, ou, plus précisément, à la " symétrie " des rôles parentaux qui fut préconisée au début des années soixante-dix. »

« Les pères ne se sont guère emparés des rôles parentaux jusque-là réservés aux femmes. Ils ont poursuivi sur leur lancée : parce que hommes, donc différents, ils estiment qu'ils n'ont pas à devenir " comme elles " [1]. »

Si les femmes font connaissance avec l'enfant au travers du corps, trop d'hommes refusent ce mode d'approche et, comme dans les premiers mois il n'en existe pas d'autre avec l'enfant, ils vont rester hors de sa *Gestalt*, hors de sa bulle. Le père figure comme premier étranger après la mère, mais il est toujours « après » la mère.

C'est ainsi qu'une psychanalyste américaine me racontait, en 1991, comment on avait expérimenté cet attachement exclusif à la mère aux États-Unis : un bébé de trois mois, laissé dans son berceau avec un mouchoir ayant appartenu au père et un autre

---

1. Evelyne Sullerot, *Quels pères? Quels fils?*, Fayard, 1992, p. 168, 169.

ayant appartenu à la mère, va par reptations successives se rapprocher invariablement du mouchoir maternel. Elle en concluait qu'on ne pouvait rien à cet attachement exclusif et primitif à la mère, et moi j'en concluais que tout enfant de trois mois a passé trois fois plus de temps avec sa mère et dans son odeur, et que c'est son mouchoir qui est le plus significatif...

Il est évident que, par sa présence auprès du nouveau-né lors de son congé de maternité, la femme s'inscrit comme faisant partie de l'enfant, et c'est avec elle qu'il « fait corps ». On se demande si les hommes savent que pour faire corps avec l'enfant il faut peut-être sacrifier certaines choses de leur vie, par exemple cette réussite professionnelle qu'ils assimilent tellement à leur réussite humaine. Mais que sert d'avancer professionnellement si l'on n'a plus le temps de rêver avec Véronique à l'enfant qui vient? Ou si l'on doit, en homme d'affaires épanoui, contempler le spectacle de Bertrand qui ne s'attache qu'à sa mère?

Peut-on dire que le débat touchant le père est réservé à des spécialistes? Non, la grande presse, depuis quelques années, nous tient au courant de l'évolution de l'homme et de la femme dans la société et dans la famille :

La revue *Marie-Claire*, en avril 1992, traitant des pères divorcés, écrit sous la plume de Tessa Ivascu : « Ces dernières années, les hommes ont découvert une chose terrifiante : les femmes peuvent vivre et s'assumer totalement sans eux! Ils paniquent, ils ont du mal à suivre cette formidable évolution de la femme [...] Les mères travaillent et l'Etat peut très bien jouer le rôle de père en les aidant matériellement, en assurant avec elles l'éducation des enfants. Toutes ces mutations envoient le même message au père : la famille peut fonctionner sans toi, il dépend du bon vouloir de la mère que tu restes ou que tu partes. »

On ne peut pas dire que le problème soit escamoté, et il devient évident que si le père ne sait pas se rendre indispensable à la mère, il sera rejeté comme mari et comme père! Le père tient et découle de l'époux qu'il est pour sa femme, la biologie ni la descendance n'ont rien à voir là-dedans, ce qui compte, c'est d'être « reconnu » par sa femme comme compagnon valable et fiable. Pour le père, la proposition est claire : plus de femme, plus d'enfant!

« Le père s'efface de la famille, sociologues, démographes, pédiatres, juristes constatent, inquiets, la " débâcle ", voire la " décapitation " des pères, tandis que se profile l'avènement de la famille monoparentale, dirigée par une " mère-père " qui estime n'avoir plus le moindre besoin d'eux », lit-on toujours dans ce même article.

Si la nature a déjà gratifié la femme d'une symbiose de neuf mois, le patriarcat, la médecine, l'Etat et même la religion l'ont créditée de bien plus encore, et c'est en toute bonne conscience que les femmes, tout en demandant aux hommes de « changer », et de « participer » à l'éducation de l'enfant, prennent bien garde que le père n'occupe jamais une place aussi importante que la leur...

La prééminence de la mère s'est muée en égoïsme maternel grâce à l'aide des moyens légaux, tous au service de la femme : le divorce lui attribue presque toujours les enfants et les allocations familiales sont attachées au seul lieu de résidence de la mère. Elle n'aura donc aucun mal à reléguer l'amour paternel au rang des vieilleries patriarcales.

Chapitre III

L'ATTACHEMENT

Nous venons d'abandonner l'homme en bien mauvaise posture puisque son désir d'être père et son statut de père passent par la seule décision de la femme qui, dans un cas comme dans l'autre, détient les moyens de réduire le père à sa plus simple expression. Il peut être tout simplement un homme « sans enfants » pour peu que sa femme ne l'ait pas tenu en amitié pour ses bons et loyaux services ; il peut se retrouver « disqualifié » et ramené à son état premier de célibataire, parce que sa femme ne lui a pas décerné le titre de père auprès de l'enfant. Ce n'est pas l'enfant, entièrement fixé à cette seule mère, qui va trouver à y redire, et il faudra des années pour que cet enfant, orphelin de père, atterrisse sur le divan d'un psychanalyste et y déclare entre deux sanglots : « Ma mère m'a empêché de vivre, elle m'a privé de mon père... »

Combien d'Orestes, combien d'Electres se sont vus, pour ce qui est de leur père, continuellement ramenés à la médiation maternelle toujours inévitable, mais souvent catastrophique pour ce père. Sans médiation de la mère, peut-il y avoir un père ? Le père peut-il faire partie de la relation d'objet primitive avec l'enfant et nouer avec lui des liens égaux mais différents de ceux de la mère? Pour cela il importe de remettre en question la théorie freudienne qui veut que ce soit à cause de son sein nourricier que l'enfant se tourne vers sa mère, mû par sa pulsion orale première qui le pousse à se nourrir pour se remplir et éviter l'angoisse du vide intérieur, inconnue de lui pendant tout son séjour dans l'utérus maternel. La tétée serait le premier réflexe inné du bébé, et c'est donc par la satisfaction du besoin oral que l'enfant identifierait rapidement la mère comme « seul objet » de satisfaction, dont dépendraient toutes les autres satisfactions à venir...

Winnicott écrit : « Quand la mère et le bébé s'adaptent l'un à l'autre lors de la tétée, une relation humaine s'instaure. La capacité de l'enfant à établir des relations avec les objets et le monde se mettra en place sur ce modèle [...] C'est là que commence non seulement l'allaitement, mais la relation d'objet [...] L'ensemble des relations de ce nouvel individu dépendra de ces débuts et du modèle personnel qui se construit à partir des inter-relations entre la mère et le bébé, c'est-à-dire *entre deux êtres humains* [1]. »

C'est ce que croyaient les psychanalystes il n'y a pas trente ans : la mère était le premier et le seul lien du nouveau-né avec le monde, puisque c'était d'elle que venait la satisfaction du besoin oral, premier de tous les besoins et origine du mécanisme de la demande et de la réponse, qui sont les éléments premiers de la communication entre les êtres. Depuis, éthologues, biologistes, psychologues, psychanalystes, après études comparées entre les jeunes animaux et les nouveau-nés humains, ont découvert que l'enfant, comme certains animaux d'ailleurs, n'établit pas uniquement sa relation à l'autre à tra-

---

1. Donald Woods Winnicott, *Le Bébé et sa mère*, traduit par Madeleine Michelin, Lynn Rosaz, Payot, 1992, p. 96.

vers le nourrissage, mais grâce à une suite d'échanges et de communications passant par *tous les sens*. Et René Zazzo écrit, en 1978, qu'on a découvert, au cours des trente dernières années, que le nouveau-né n'avait pas seulement besoin de lait, mais *de contacts et d'échanges avec autrui*, et se montrait capable de perceptions très fines et de comportements rapidement adaptatifs. « Partout dans le monde des psychologues se sont mis à faire des études très minutieuses pour savoir comment le petit enfant établissait des liens avec son milieu humain, avec la mère, le père, etc. C'est le fameux problème de l'attachement, la recherche des mécanismes qui permettent de créer ces liens. Et l'on a découvert que le plus original d'entre eux, propre à l'espèce humaine, c'est le sourire. Or, les préludes du sourire apparaissent quelques heures après la naissance et dès l'âge de trois semaines le sourire est déjà plus ou moins socialisé [1]. »

Déjà bien avant cette affirmation, Henri Wallon, cherchant à découvrir la liaison entre le biologique et le psychologique, écrivait : « L'individu est essentiellement social. Il l'est, non par suite de contingences extérieures, mais par suite d'une nécessité intime. Il l'est *génétiquement* [2]. » Voilà le grand mot lâché ! Le petit bébé n'est pas uniquement programmé, comme l'avait cru Freud, pour éviter la faim et la mort, mais il est aussi soumis de façon innée au besoin de lien social, dont l'interruption brutale donne lieu aux troubles repérés par Spitz lors de l'hospitalisation, et qui portent le nom d'hospitalisme.

Le nouveau-né, malgré un équipement neurophysiologique rudimentaire, a un besoin vital de

---

1. René Zazzo, *Où en est la psychologie de l'enfant ?*, Gallimard, « Folio-Essais », 1988, p. 38.
2. Revue *Enfance*, n° spécial, 1959, p. 279-286.

communication avec le corps et la parole de l'autre, qu'il regarde sans le distinguer vraiment, mais qu'il écoute infiniment, et qu'il « hume » de toutes ses narines... Chacun de nous a fait ce test innocent de s'approcher d'un bébé hurlant et de le voir se taire brutalement pour écouter d'abord les pas, puis les mots qu'il ne comprend pas, mais qui lui rappellent sans doute d'autres mots entendus *in utero*, quitte à se remettre à hurler aussitôt que nous le quittons, et ce en dehors de tout besoin d'alimentation. Il en est de même si nous le prenons dans nos bras pour le reposer ensuite, ce qui veut bien dire que le contact avec un autre corps humain lui apparaît comme bienfaisant par lui-même.

Et Zazzo de reprendre et d'approfondir les recherches autour du concept d'*attachement*, au cours d'un colloque scripturaire (1979) entre chercheurs spécialisés en éthologie, en psychologie ou en psychanalyse. Le résultat est évident pour tous et les conclusions précises :

« En vérité ce qui est nouveau, ce qui renverse l'idée que nous avions jusqu'alors des débuts de l'enfant dans la vie, de son ancrage dans le monde et en conséquence de sa nature originelle, c'est *la reconnaissance du besoin d'attachement comme un fait primaire*, un système de réactions qui n'est pas appris [1]. »

« La théorie de l'attachement peut se formuler ainsi : la construction des premiers liens entre l'enfant et la mère, ou celle qui en tient lieu, répond à un besoin biologique fondamental; il s'agit d'un besoin primaire, c'est-à-dire qu'il n'est *dérivé d'aucun autre*.

« S'il en est bien ainsi, on doit abandonner la théorie freudienne selon laquelle la nourriture est le *seul*

---

1. René Zazzo, *L'Attachement*, Delachaux et Niestlé, Réimpr. 1991, p. 23.

besoin originel, dont la satisfaction entraîne la création d'un lien libidinal avec la nourrice [...] L'enfant est un être social dans son économie biologique et cette sociabilité s'exprimerait donc dès les premières réactions [1]. »

Dans ce même colloque, Didier Anzieu accepte d'élargir le concept d'oralité pour l'étendre à tout le corps et à sa surface externe : « A côté de la succion, de la réplétion, de la réceptivité des objets internes, la peau joue un rôle au moins égal [...] Elle se trouve stimulée à l'occasion des soins maternels par les bains, les lavages, les frottements, à l'occasion aussi du portage et des étreintes [2]. » Voilà bien des sensations que l'enfant peut éprouver et recevoir d'un autre que de la mère, d'ailleurs on peut observer comment tout enfant, avant la période sensible du sixième mois, accepte avec satisfaction d'être porté, balancé, bercé, par tout autre que sa mère.

Cyrille Koupernik constate : « Enfin il est un autre sens qui est développé chez le nouveau-né, et qui est l'odeur, dont on connaît d'ailleurs le rapport étroit avec le goût. Il est plus que probable que le nouveau-né reconnaît l'odeur de sa mère, qu'il établit là un conditionnement, mais un conditionnement qui n'est pas *utilitaire* [3]. »

Chacun de ces chercheurs prend soin d'expliquer que l'attachement de l'enfant ne passe pas forcément par des besoins alimentaires ou sexuels comme l'avait pensé Freud. C'est d'ailleurs tout l'objet du colloque de 1979, sortir le nouveau-né d'une conception psychanalytique trop rigide, qui ne verrait dans sa relation au monde que pulsions utilitaires à satisfaire... Les éthologues – pour avoir vu les mères animales lécher leurs petits dès la nais-

1. *Ibid.*, p. 226.
2. *Ibid.*, p. 148.
3. *Ibid.*, p. 100.

sance afin de les imprégner de leur odeur, et les petits suivre invariablement la mère ou le leurre proposé en place de mère – pensent qu'il y a chez l'animal une sorte de fixation sociale *sui generis* qui doit sûrement se retrouver chez le bébé, ce super-animal engendré par des êtres pensants et communicants. C'est Konrad Lorenz, le premier des étho-logues, à avoir dit : « L'attachement amoureux selon Freud procédait des liens sexuels partiels. Avec l'éthologie, l'attachement devient primaire, la sexua-lité n'en est qu'une des modalités particulières. A une psychologie de l'amour fondée sur la sexualité, ferait place celle d'un amour primaire, dont la sexualité ne constituerait qu'un aspect [1]. »

Il est évident qu'éthologues, psychologues et psy-chanalystes ont tenté là de distinguer les besoins affectifs innés du nouveau-né de ses autres besoins corporels : faim, soif, froid, sollicitations sexuelles, etc. La sexualité reprend alors une place parmi les autres pulsions et, allant plus loin encore, ces cher-cheurs commencent à soulever l'idée que l'enfant peut aussi se fixer par habituation à toute autre per-sonne que la mère, et pourquoi pas au père?

« L'attachement désigne un lien d'affection spéci-fique, le premier lien est établi en général avec la mère, mais il peut aussi s'accompagner d'attache-ments avec d'autres individus [2]. » Zazzo envisage la possibilité pour l'enfant de nouer plusieurs attache-ments concomitants, et il le redira encore plus clai-rement :

« A qui l'enfant s'attache-t-il? Pas nécessairement à sa mère. Mais à la personne, aux personnes qui s'occupent de lui. *La voix du sang n'existe pas [3].* » Quelle affirmation suprenante! Après nous avoir

---

1. *Ibid.*, p. 92.
2. *Ibid.*, p. 27.
3. *Ibid.*, p. 212.

démontré les capacité innées de l'enfant à s'attacher à l'Autre, voilà qu'on nous dit que cet attachement peut se faire avec n'importe qui, parce qu'il est là... De quoi faire réfléchir tous les pères de famille !

Puis c'est au tour de Koupernik de reconnaître que « l'attachement de l'enfant humain à la figure paternelle et aux autres enfants a probablement été *quelque peu négligé* en raison de l'importance théorique conférée, dans une optique œdipienne, à la relation mère-enfant. Il y a certainement un *malaise en ce qui concerne la relation père-enfant*, elle est contaminée par le concept de l'Œdipe [1]. »

Cette optique d'attachement œdipien mère-enfant ou plus justement mère-fils, qui laisse l'évolution de la fille en point d'interrogation, paraît cependant chère au cœur de la majorité des analystes freudiens, et Zazzo, en conclusion de ce colloque, prendra soin de dire que les hypothèses soulevées par les différents chercheurs ne doivent pas être interprétées comme des « attaques » dirigées contre la psychanalyse.

En effet ces nouvelles hypothèses pourraient remettre en question l'établissement par le bébé d'une relation *unique* avec une *seule* personne – la mère ou son substitut féminin – et aboutir un jour à une révision de la pensée de Freud concernant la « relation d'objet ».

C'est tout de même Bowlby, psychanalyste lui-même, qui s'est intéressé le premier à cette notion d' « attachement », comme phénomène primaire et sociologique indépendant de la pulsion orale. Or ce sont des psychanalystes, des psychologues ou des étho-psychologues qui ont participé à cet important colloque scripturaire de 1979... Et ce sont toujours eux qui ont approfondi dans leurs laboratoires les recherches concernant les possibilités sensorielles

---

1. *Ibid.*, p. 124. Souligné par l'auteur.

du fœtus et du nouveau-né, desquelles dépend directement la relation de l'enfant au monde et à sa famille.

De sorte que de nouvelles questions voient le jour, comme Freud l'avait d'ailleurs imaginé : « Je ne suis plus tout seul, une légion de collaborateurs zélés est prête à exploiter ce qui n'est pas achevé, ce qui n'est pas certain [1]. » Et il paraît tout naturel que Boris Cyrulnik se pose en 1990, à propos du père, la question suivante :

« Le canal de communication olfactif entre le père et le bébé intra-utérin n'a pas été étudié pour des raisons de préjugés matrocentriques. On sait que le père est porteur d'une odeur de musc qui le caractérise, que la mère inhale ces molécules odorantes et qu'en fin de grossesse on les retrouve dans le liquide amniotique... Mais s'agit-il de l'odeur du père ou de l'odeur de l'homme qui vit autour de cette mère [2] ? »

Nous voilà loin du « Nom du Père » auquel tant d'analystes persistent à s'accrocher, n'osant pas remanier ce qu'a écrit Lacan et restant indifférents à ce que l'enfant passe parfois de son père géniteur à son père d'attachement.

Le père selon l'attachement

Il y a longtemps que les femmes décident de « qui » sera le père, ayant acquis le droit de mettre en accord leur cœur et leur corps ainsi que leur progéniture et leurs amours. Il y a au moins vingt ans que le « Nom du Père » est devenu un signifiant sans signifié définitif et pouvant aller d'un homme à l'autre... Selon que change l'attachement de la mère

---

1. Freud, *La Vie sexuelle*, op. cit., p. 126.
2. Boris Cyrulnik, *Sous le signe du lien : une histoire naturelle de l'attachement*, Nouv. éd., Hachette-Pluriel, 1992, p. 104.

à celui-ci ou à celui-là, le père de l'enfant va changer. Qu'est-ce que cela produit sur un enfant de ne reconnaître ni l'odeur, ni la voix de celui qu'il avait intégré durant des mois? Et si celui-ci n'est plus là? Et si un autre prend sa place? Est-ce que l'enfant s'y retrouve? Par quels chemins? Par quels mots? Puisque tout ce qu'il a en lui, au plus profond, ne correspond pas à ce qu'il entend, sent, et voit aujourd'hui... Difficile divorce qui se passe d'abord dans la logique la plus secrète de nos enfants!

En faisant appel à des recherches biologiques et des observations éthologiques, la psychanalyse pourra avoir un autre regard sur la manière dont un enfant fonctionne au niveau de ses attachements. C'est par une autre voie que celle de Freud, que, sans renier ni la spécificité des stades oral, anal ou phallique, ni ignorer la constitution du lien œdipien avec le parent de sexe opposé à celui de l'enfant, il est possible de déterminer d'autres variables infantiles déterminantes dont l'existence permette de développer une théorie analytique cessant de prendre comme unique base de l'inconscient infantile l'inconscient de la mère.

Plus nous avançons dans le sens de l'unique dyade mère-enfant, plus la mère devient comptable et responsable de l'enfant et plus le père se trouve éjecté du système éducatif, car, ne disposant ni de l'utérus porteur, ni du sein nourricier, il semble ne disposer de rien de ce qui peut fonder le lien avec le nourrisson. Il ne serait donc d'aucune utilité dans les premiers mois et ne s'en remettrait qu'à sa femme pour se faire introduire auprès de celui qui est aussi son enfant et dont il paraît tout à fait illogique qu'il se trouve un jour écarté au nom de la seule femme, de la seule mère...

Le chemin des pères selon la théorie lacanienne est souvent une sorte d'impasse où les pères finissent seuls, injustement seuls, alors que leur sang coule dans les veines d'un enfant à qui on a donné un autre père pour l'aimer mais qui porte toujours le nom de celui qui l'a engendré. Les pères pleurent et s'unissent pour combattre ces voleuses d'enfants que seraient les mères... qui aiment toujours l'enfant mais n'aiment plus l'homme avec qui elles l'ont conçu. Faut-il disparaître, se taire, se faire oublier auprès de l'enfant? Telles sont les questions que se posent les pères géniteurs. Mais les cellules de l'enfant oublieront-elles ce qui s'est gravé au temps de l'empreinte sans paroles? Et la mère peut-elle défaire par des mots ce qui s'est gravé dans les cellules de la vue, de l'audition, du toucher, du goût de cet enfant?

C'est au nom de toutes ces questions concernant les pères qu'il est intéressant de se demander: un enfant peut-il avoir plusieurs pères? Chacun étant répertorié différemment et aimé différemment par l'enfant? L'enfant peut-il continuer à aimer un père que la mère rejette? Et à cette place biologiquement occupée par le premier père, qu'y a-t-il par la suite? Un silence, une chose indicible, incompréhensible, dont on ne peut pas parler: un « refoulement » qui en entraînera d'autres. A l'école comme à la maison on dira que cet enfant est « déconcentré ». C'est tout à fait vrai à partir du moment où on lui a interdit d'aller au centre de lui-même, là où dort, « refoulé », le premier père. Si la mère, après l'avoir aimé, est arrivée à le rejeter sans avoir à le refouler, c'est parce qu'elle n'est plus dans sa période d'empreinte ni d'attachement à l'objet primitif, mais ce qui vaut pour la mère ne vaut pas pour l'enfant, et grâce à de nouvelles recherches on va bien finir par comprendre qu'un père ça s'*imprime* dans l'enfant dès le quatrième mois de grossesse grâce aux perceptions intra-utérines, et puis ça ne s'efface plus jamais. D'où ces rêves insensés d'enfants « adoptés » dans leur jeune âge, qui tout à coup un matin se lèvent à quatorze ou à quarante ans avec l'idée de *le* retrouver, *lui*, celui que leur corps trimbale inconsciemment et définitivement... Et tout le monde de s'étonner, pourtant on lui avait bien expliqué, et il avait bien tout compris, tout accepté, mais pendant que sa tête intelligente comprenait, son corps continuait d'entendre une autre voix que celle des parents adoptifs.

Alors il est bon de reprendre les chemins sensoriels qui furent ceux de ces enfants et ceux de tous les enfants adoptés, orphelins, déplacés, privés de leur père à la suite d'un divorce. Tous les enfants ont eu un chemin avec leur père (sauf ceux dont le père est parti sans savoir qu'il avait, cette nuit-là, « planté » un enfant dans la vie).

L'éveil des sens

Nous savons grâce à l'embryologie que tous les sens s'éveillent progressivement au cours de la grossesse. Ainsi, partant de zéro, l'embryon, puis le fœtus, s'enrichit, au cours des mois, de différentes perceptions grâce au développement du système nerveux qui, à la naissance, ne fonctionne que très rudimentairement.

Dans l'ordre, apparaissent d'abord les sensations tactiles : l'enfant, dès le quatrième mois de grossesse, perçoit avec ses mains et ses pieds les limites de son habitacle (c'est d'ailleurs le moment où la mère ressent les premiers mouvements de son enfant à l'intérieur d'elle-même), puis les sensations de goût : l'enfant avalant le liquide amniotique dans lequel il se trouve et où il repère des saveurs différentes (à six mois le fœtus affirme une attirance pour les saveurs sucrées, si on augmente le taux de saccharine du liquide amniotique dans l'utérus de la mère, l'enfant se met à déglutir plus rapidement [1]).

Vers le sixième mois de grossesse, l'audition se perfectionnant permet au fœtus de se familiariser avec l'entourage social dans lequel il se trouve, car il se met à entendre les bruits extérieurs à la mère, et les voix du dehors viennent se surajouter aux bruits internes du ventre maternel : bruits de cascades des contractions intestinales, bruits de fond réguliers des battements du cœur et du froissement des poumons de la mère quand elle respire. A partir de ce sixième mois, l'enfant intègre le monde qui l'entoure et sa famille rentre dans son univers sensoriel, et commence à faire partie de lui. Ayant réalisé cela Franz Veldman imagina d'entrer en contact direct avec le fœtus par le truchement du toucher et de la voix. Son intuition s'avéra fondée : si le père met ses mains à un endroit donné sur le ventre de sa femme en appelant son enfant, grâce aux perceptions tactiles et auditives, l'enfant de six mois vient là où le père l'attend : pour la première fois, en 1980, on découvrait que le *père* pouvait, lui aussi, *faire partie du monde prénatal* de son enfant. Cette découverte donna lieu à la technique aujourd'hui appliquée pour communiquer avec le fœtus bien avant sa naissance : il s'agit de l'haptonomie.

Confirmant le fait que le fœtus entend bien ce qui se passe au-dehors de sa mère, j'eus moi-même en consultation, aux environs de 1970, des enfants de huit à douze ans particulièrement nerveux et inquiets, dont l'anamnèse faisait régulièrement apparaître une vie intra-utérine qui s'était déroulée en Algérie au milieu des attentats et des alertes, donc à l'intérieur d'une mère souvent inquiète, sursautant aux bruits de déflagration du quartier.

---

1. Dominique Simmonet, *L'Eveil des sens.*

L'enfant avait perçu l'instabilité du milieu interne puisque soumis aux contractions utérines dues à l'angoisse maternelle : l'instabilité était devenue *in utero* le mode habituel de vie de ces enfants qui se révélaient des élèves inquiets, agités, peu concentrés.

Pendant les trois derniers mois de grossesse, il est évident que l'enfant perçoit de façon tactile tous les changements de position de l'utérus selon que la mère est assise, debout, ou allongée, et qu'il entend les voix de ses deux parents, distinguant la voix du père de celle de la mère, les deux subissant une déformation auditive importante au travers du liquide amniotique. La voix de la mère se trouve augmentée des vibrations thoraciques déclenchées par l'émission des mots de sorte que l'enfant entend et sent sa mère parler ; elle lui parle *du dedans* alors que son père lui parle *du dehors*.

A son arrivée, il ne mettra pas longtemps à reconnaître les inflexions de la voix maternelle qu'il entend pour la première fois sans les vibrations intérieures diaphragmatiques. Le ton et la rapidité d'élocution propres à la mère font que, dès le troisième jour, le bébé reconnaît (vérification faite par enregistrement de son rythme cardiaque), entre plusieurs voix de femme, celle de sa mère. Il en est de même pour le père, rapidement distingué parmi plusieurs voix d'homme... Toutes ces expériences ont été faites et collationnées par Hubert Montagner dans son livre, *L'Attachement et les débuts de la tendresse* [1]. Cette étude montre à quel point le fœtus est réactif, depuis l'âge de six mois, à tout ce qu'il entend du fond de sa cachette : aussi bien paroles et autres bruits externes que bruits internes propres à la mère (un

_____

1. Hubert Montagner, *L'Attachement et les débuts de la tendresse*, Odile Jacob, 1988, p. 80.

bébé naissant cesse de pleurer si on lui fait entendre le bruit d'un cœur à la vitesse de soixante-douze pulsations, ce qui était la fréquence des battements du cœur maternel; un métronome qui bat nettement plus vite ou plus lentement n'entraîne pas de réponse positive chez l'enfant).

De Casper et Spence, ayant fait lire un même texte par la mère un certain nombre de fois durant les dernières semaines de la grossesse, ont observé après la naissance une préférence pour ce texte et donc une certaine mémoire prénatale. Satt a obtenu les mêmes résultats avec une berceuse.

Et moi, j'ai gardé le souvenir charmant d'un monsieur de quarante ans, qui avait stupidement envie de pleurer dès qu'il entendait une certaine musique d'Europe centrale... Il me demanda de vérifier si elle avait le même effet sur moi, son analyste. La vérification était illusoire et ne fut pas nécessaire, car à ma question : « De quelle origine était votre mère? », il répondit qu'elle était roumaine et chantait souvent dans la maison; de plus, les nombreux enfants de cette famille étaient souvent élevés par des jeunes filles venues d'Europe centrale. De ce jour, il put écouter cette musique qui faisait partie de son histoire sans éprouver l'émotion corporelle qui d'habitude prenait la place des mots.

Il semble qu'il y ait chez le nouveau-né une sorte de protomémoire acoustique qui assure une continuité auditive et émotionnelle entre sa vie utérine et sa vie à l'extérieur. Il en va de même pour l'olfaction qui paraît être un sens exacerbé à la naissance permettant au nouveau-né des discriminations que sa vue extrêmement faible ne saurait faire : « Des bébés âgés de sept jours peuvent distinguer de façon fiable l'odeur des compresses ayant été en contact avec le sein de leur mère, de celles provenant d'autres mères qui allaitent (Mac Farlan, 1975), et ceci dans la proportion de 80 % [1]. »

Et plus encore : « Le bébé peut construire un attachement sélectif avec sa mère, non seulement à partir de l'odeur du sein, mais aussi à partir de l'odeur du cou, qui n'est pas lié à la satisfaction de besoins alimentaires. Ainsi le bébé peut-il construire une carte d'identité chimique de sa mère, en dehors des situations de tétée [2]. »

On ne peut éviter de penser que si les capacités olfactives du bébé jouent un rôle essentiel dans l'attachement à la mère, pourquoi ne joueraient-elles plus quand il est question du père, de son cou, de ses bras, et en un mot de son odeur personnelle ?

La vue est le dernier des sens à apparaître, et de façon bien incomplète puisque le bébé qui vient de naître ne perçoit que les mouvements lents et à une certaine distance (20 à 25 cm). Ce n'est pourtant pas faute d'essayer d' « accommoder », ce qui lui donne cette charmante tendance au strabisme des premiers jours... mais la capacité visuelle adulte semble n'être atteinte qu'à six mois.

Donc ce n'est pas *la vue* qui va permettre au père d'être reconnu par l'enfant tout au long des six premiers mois où se constitue l'attachement aux personnes proches, mais bien *l'ouïe*, *l'odorat* et *le toucher* : cette peau, qui n'a pas le même grain que celle d'une femme, ces bras duveteux ou poilus, ce visage rasé de frais ou qui râpe un peu, cette voix grave, tout cela c'est « l'autre » de la mère, c'est le père quand il intervient de façon proche dans la vie et la journée de l'enfant, c'est le père intégré dans l'inconscient comme la mère, du temps où l'enfant fusionne avec l'Autre qui s'occupe de lui.

---

1. *Ibid.*, p. 119.
2. *Ibid.*, p. 126.

A travers la voix, l'odeur et la peau de celui qui prend soin de lui, il est évident que le bébé se livre rapidement à un travail de discrimination entre les personnes qui font partie de son entourage et qui deviennent des personnes intérieures à l'enfant car, sans les nommer, sans les voir clairement pendant les six premiers mois, tous les sens en éveil de l'enfant repèrent et emmagasinent l'empreinte de chacune des personnes qui l'entourent. L'oreille, le rhino-pharynx, la bouche et la peau se souviennent de ceux qui ont entouré les premiers mois.

C'est ainsi qu'une odeur, seulement une odeur saisie un jour au hasard dans notre vie d'adulte, éveille en nous une « indicible » émotion. Souvenez-vous de l'histoire d'une certaine chanson d'Europe centrale et de l'homme qui pleurait sans savoir pourquoi. Et rappelez-vous vos premiers émois amoureux si subits, si surprenants...

Pour prendre place dans la *Gestalt* primitive de l'enfant, il faut donc se faire « humer » et pour cela être tout proche de l'enfant. Il faut aussi se faire « entendre », ce qui ne peut pas se faire par correspondance ni par l'intermédiaire de quelque mère que ce soit! Et il faut enfin avoir l'occasion de « porter », de « toucher » l'enfant soit en le nourrissant, soit en le changeant, soit en jouant avec lui, ce que toutes les mères font plusieurs fois par jour pendant au moins trois mois! Mais que les pères n'arrivent pas à faire plus de trois jours puisque c'est tout ce que la loi leur accorde avant de réintégrer leur lieu de travail, les appelant à disparaître pour la totalité de la journée.

Content ou pas, avec les lois actuelles des entreprises concernant la venue d'un bébé dans la vie d'un travailleur, on ne voit pas très bien comment l'homme peut prendre place dans cette *Gestalt* primitive et comment il peut éviter d'être rapidement mis sur la touche, devenant simple « spectateur » de la dyade qui s'établit avec la mère, bénéficiaire, elle, d'autres lois qui lui permettent de vivre une symbiose de trois mois, voire plus, avec l'enfant.

« Combien de pères resteront des années durant en train de guigner la position de la mère de leur enfant, en ne sachant pas comment se situer [1] ? »

Faut-il cantonner le père à ce rôle de spectateur ou de dépanneur en l'absence de la mère et faut-il, s'il s'occupe du bébé, l'appeler comme le fait Boris Cyrulnick le « père-maternant », ou comme Elisabeth Badinter le « père/mère » ? Ou faut-il enfin comprendre que si l'enfant est capable de perceptions et d'habituation à sa mère (ou à celle qui en tient lieu, écrivent toujours prudemment les auteurs), il peut aussi bien « flairer », « toucher », et « entendre » le père, s'habituant ainsi de façon concomitante aux deux personnes qui le parentent, l'une sous forme maternelle et l'autre sous forme paternelle.

Hubert Montagner a écrit : « Je ne limite pas l'attachement aux liens entre le bébé et sa mère, ou sa mère de remplacement. En effet, rien ne justifie qu'on réserve ce terme aux seuls liens, même s'ils sont les premiers et même s'ils jouent un rôle essentiel dans le façonnement et le devenir de l'enfant [...] Etres d'interactions et de connaissances, le bébé et le jeune enfant peuvent développer des interactions avec une *autre personne* de leur environnement et rechercher avec elle la proximité et le contact, notamment dans les situations perçues comme insécurisantes et angoissantes [...] C'est pourquoi nul ne peut écarter l'hypothèse que l'enfant construit des attachements multiples [...] qui peuvent s'établir avec les autres personnes du milieu familial, c'est-à-dire le père, et les frères et sœurs [2]. »

1. Aldo Naouri, *op. cit.*, p. 183.
2. Hubert Montagner, *op. cit.*, p. 174.

Il est évident que le père peut faire partie de l'attachement de l'enfant, dans la mesure où il se trouve vivre avec lui, mais hélas! ce n'est pas souvent le cas, et ce fameux troisième jour après la naissance figure dans la vie du père comme le premier « abandon » de l'enfant à la mère. Ici commence la prééminence de l'attachement de l'enfant à sa mère omniprésente, et si l'on veut rendre le père à l'enfant, c'est là qu'il faut rompre avec les mœurs et surtout avec les lois concernant le travail masculin. Il est nécessaire d'accorder enfin au père un congé de paternité comparable à celui de la mère lors de sa maternité. C'est sur la réalité du père qu'il faut intervenir et non de sa place idéale qu'il faut s'entretenir.

Si, à l'heure actuelle, la plupart des bébés de trois mois paraissent mieux identifier la mère que toute autre personne de la famille, c'est parce que c'est elle que le bébé a le plus souvent entendue, respirée, touchée, du seul fait qu'elle était là vingt-quatre heures sur vingt-quatre, s'occupant uniquement de son nouveau-né. Dès les trois premiers mois, le père se trouve distancé dans son rapport à l'enfant par une mère qui a pour elle les avantages d'une loi qui ne reconnaît pas le père comme « objet d'attachement nécessaire » pour l'enfant. Pourquoi? Parce que, répond l'ensemble du corps médical, il n'a connu aucune symbiose corporelle avec cet enfant, ne l'a pas porté dans son ventre et ne peut lui donner son sein...

C'est tenir pour rien le rapport que l'enfant a connu avec le père tout au long de la grossesse. N'oublions pas que sa voix lui parvenait à travers la paroi abdominale, que l'odeur du musc paternel flottait dans le liquide amniotique où vivait l'enfant et que, souvent, les mains du père ont cherché à palper le bébé à travers le ventre maternel. Tout cela est enregistré dans la protomémoire du fœtus et, à l'arrivée, il reconnaît certains de ses repères paternels comme il reste sensible à la fréquence des pulsations maternelles avec lesquelles il a vécu pendant des mois.

Le chamboulement sensoriel énorme que représente la naissance – appelée « traumatisme » par Otto Rank – n'efface pas tout cet acquis parental, gravé dans les cellules nerveuses du fœtus.

Qu'est-ce que ce « traumatisme de la naissance » ? C'est tout ce bruit qui brutalement déchire les oreilles d'un être habitué à des sons atténués et filtrés par l'écran de la paroi abdominale de la mère. C'est ce nez qui, tout à coup vide, ressent brutalement plusieurs odeurs concomitantes : celle, fade, du sang qui accompagne l'expulsion, celle du liquide amniotique qui vient de s'écouler, celle de la salle où se passe l'accouchement, celles *sui generis* de tous ceux qui sont là : le médecin, le père, la mère, puisque l'enfant atterrit entre ses jambes, l'infirmière portant une blouse parfaitement désinfectée (donc avec une odeur) et peut-être un léger parfum qui lui est habituel. Tous les repères olfactifs se bousculent, tous les sons se mélangent et c'est l'affolement sensoriel du bébé. Je n'ai pas encore parlé de la lumière qui, de très abaissée dans l'utérus, devient en un instant brutale, aveuglante. Il y a bien de quoi hurler ! Et l'enfant hurle, sentant son corps se vider de liquide et le vide le pénétrer pendant que la lumière l'aveugle et que les odeurs l'assaillent. Lui, ce poisson nageur, ouvre, quand il sort de son aquarium ombreux, une immense bouche pour avaler, comme il avait l'habitude de le faire précédemment dans l'utérus, mais il n'avale rien que de l'air dont il ne ressent ni poids, ni pesanteur, et cette première aspiration aérienne se transforme en cri : il est malheureux celui à qui l'on prend en un instant tout ce qu'il avait, pour lui donner autre chose qu'il ne connaît pas... Si on le prend dans les bras pour le rassurer, il s'affole encore plus de ces dix doigts qui lui en paraissent mille, lui qui ignore le toucher direct. Enfin, s'il pouvait, il retournerait tout de suite dans sa cachette comme un animal qu'on a obligé à sortir de son trou.

Où se trouve la prééminence de la mère dans ce désastre cosmique de l'enfant? Pas mieux située que le père, et tous les deux prennent de douces voix pour éviter de déchirer les oreilles de l'enfant : certains disent que les fréquences basses de la voix du père sont mieux accueillies que celles aiguës de la voix de la mère. Cela reste à prouver. Chacun lui dit qu'il est content de l'accueillir, qu'il l'aime et qu'il l'attendait, il entend, mais ne comprend pas les mots. Il reconnaît cependant à leur cadence et à leur tonalité ces deux voix si changées mais qui lui rappellent tout de même quelque chose de familier : il ne crie plus, il se met à écouter.

La naissance est une terrible épreuve, dont nous nous souvenons peut-être quelque part au fond de nous-mêmes, car nous ne cessons de chercher et d'inventer de nouvelles techniques d'accouchement destinées à adoucir, ralentir et humaniser le terrible passage d'une vie aquatique à une vie aérienne, d'une vie retirée à une vie sociale. Ce qui paraît le plus rassurant pour l'enfant, à l'issue de cette épreuve, c'est encore de reposer sur le corps sans aspérités ni poils de la mère (l'utérus était une membrane douce, lisse et humide), avec la tête le plus près possible du cœur de la mère, car c'est ce bruit et surtout sa fréquence auxquels l'enfant était le plus habitué lorsqu'il était *là-bas*. L'enfant, avec son oreille exacerbée, le perçoit comme tout ce qui lui reste d'*avant*.

Nous sommes en fait bien démunis devant la déroute de l'arrivant, et tout ce que nous avons l'habitude de faire ou de dire entre humains quand la situation est angoissante, nous paraît ici bien inopérant... mais va tout de même aider rapidement le nouveau-né grâce à sa fantastique possibilité d'adaptation. Et il est courant qu'après cet énorme choc et ses cris désespérés, notre enfant s'endorme épuisé et rassuré sur le sein de sa mère.

Une nouvelle place pour un autre père

Quelle est la place du père dans ces terribles instants ? Celle qu'il a toujours eue du temps de la grossesse : la place de celui qui parle et qui appréhende de ses mains d'abord le fœtus à travers la paroi du ventre maternel et aujourd'hui le bébé de façon directe. Jeunes pères, prenez votre bébé dans vos mains, que ce soient les premières mains qui le saisissent et l'étonnent avant de le rassurer. Votre rôle est bien là : rassurer et porter dans l'air celui qui a été porté aquatiquement par votre femme. C'est aujourd'hui que votre paternité commence vraiment et non pas dans six mois, ni dans un an, ni quand sa mère vous l'aura tendu en vous nommant (comme tant d'analystes le souhaitent), c'est tout de suite que vous devez adopter dans votre corps, au travers de nouvelles sensations, votre enfant. *Il n'y aura de place pour le père que si la rencontre selon le corps s'opère dès la naissance.*

La mère l'a adopté depuis longtemps, ce petit qui vivait, tressaillait, et se retournait dans son ventre. Le jour de la naissance, il lui reste à le *voir*, mais il reste au père à l'*appréhender*, l'*adopter*, le *reconnaître* avec le corps en le tenant dans ses bras. Il découvre alors son poids, son odeur, sa chaleur, et reçoit les coups de pied que l'enfant donne maintenant dans le vide après les avoir si longtemps donnés contre le ventre de sa mère. La mère a porté l'enfant à l'intérieur, le père doit le porter à l'extérieur de son corps et doit s'habituer à ce doux fardeau au niveau des bras, à ce léger duvet d'un petit crâne dans le creux de son cou d'homme... Il se sent brusquement ému par cette faiblesse comme la mère a été émue par les premiers timides mouvements du fœtus en elle, et comme elle a eu tendance à protéger celui qu'elle abritait. Le père ressent une immense envie de protéger celui-là, qui est si petit dans ses grands bras. Il sait que c'est ce sentiment qui fait de lui un père : il aime ce nouveau venu, il le ressent comme une partie de lui-même, et au diable Winnicott et tous les autres psychanalystes qui prétendaient que seules les femmes pouvaient éprouver des sentiments pour un bébé... L'homme a, lui aussi, des sentiments envers son enfant, et comment les nommer autrement que paternels ?

Les deux parents ont finalement le goût d'aimer, de nourrir et de protéger leur bébé ; n'est-ce pas ce que l'on doit appeler l' « instinct parental » que les deux parents découvrent à des moments différents, mais découvrent tous les deux ?

Lorsque je donne une conférence à propos de la paternité, j'aime bien l'intituler : « Car nous avons tous besoin d'un père et d'une mère ». C'est une vérité qui paraît simple, évidente, presque élémentaire, alors que devenir père et le rester est si compliqué pour les hommes de ce siècle.

En effet, nous nous trouvons, pour ce qui est de l'attachement, face à des théories volontairement *maternelles* : on examine et tire des conclusions scientifiques à partir de la relation entre mère et enfant, mais du moment qu'il est prouvé que l'enfant s'attache par tous les sens à ceux qui le côtoient et, en particulier, à la personne qui s'occupe exclusivement de lui, il est bien clair que celle-ci peut être remplacée par une autre, et que l'attachement de l'enfant s'ensuivra : ce sera la nourrice (comme au siècle précédent et au temps présent), ou les grands-parents (à l'heure actuelle assez jeunes pour parenter convenablement l'enfant), et pourquoi pas le père (comme cela ne s'est encore jamais vu) ? L'attachement de l'enfant se fera sur celle-là, ceux-là, celui-là. Il n'y a pas que la mère qui soit douée d'instinct parental ! Et bien des pères, des grands-mères, des grands-pères et des nourrices savent s'attacher un enfant autrement que par le sein...

La « bulle primitive » peut donc être ouverte à d'autres que la mère ; y figurera toute personne qui aimera l'enfant et le lui manifestera régulièrement et corporellement avant l'âge fatidique de huit mois où le sujet s'individualise d'avec l'Autre et devient lui-même. Ainsi un enfant sans mère ne sera plus « perdu » comme l'était ce jeune homme de trente ans dont la mort de sa mère, alors qu'il avait dix-huit mois, avait brusquement figé sa vie dans l'attente de la *seule* qui comptait pour lui : j'ai vu arriver ce jour-là, dans mon bureau, un homme venu d'une autre planète, disant lui-même qu'il ne « savait » pas vivre ni aimer personne. Il avait pourtant un père, un oncle, des tantes... Mais ceux-ci n'avaient pas pris soin de pénétrer dans la bulle dès le départ. Cet homme en perdant sa mère avait donc tout perdu et sa libido de base s'était transformée en perpétuelle attente : il fallait l'aider à mettre des mots sur cet état de catastrophe et de stupéfaction intérieure, il fallait lui expliquer le lien perdu avec celle qui était tout pour lui. Ceci aurait dû être fait beaucoup plus tôt et l'enfant aurait continué sa route avec le secours d'un père apte à assumer auprès de lui la continuité de l'amour parental.

La continuité, c'est ce dont l'enfant a le plus besoin, c'est ce qui le rassure et lui permet d'avancer, en s'appuyant sur la permanence de ses bases : le père et la mère sont les deux rails sur lesquels avance l'enfant. Un rail ne peut remplacer l'autre, mais à eux deux ils assurent la direction du train. De même un parent ne peut remplacer l'autre et le père n'est ni le « remplaçant », ni le « substitut » de la mère, pas plus qu'il n'est un « père-mère ». Le père, c'est celui qui vient apporter à l'enfant un amour d'une autre couleur que celui de la mère, du simple fait qu'œdipiennement il se situe à l'inverse de cette mère. Si l'un des parents est attiré par la différence, l'autre est motivé par la ressemblance ; si l'un a des rêves œdipiens, l'autre a des rêves identificatoires, si l'un se découvre sous une autre forme sexuelle, l'autre se reconnaît dans le même corps. Mère ne va pas sans père et si la vie les sépare, les parents ne doivent jamais oublier que la force de leur enfant réside dans leur complémentarité qui doit durer bien au-delà du divorce !

« Pères et mères diffèrent dans la quantité de temps qu'ils passent en interaction avec leur bébé : les mères sont plus réactives, expriment plus d'affection, et offrent plus de soins de base à leur bébé [1]. » « Les pères ont davantage tendance à jouer à des jeux excitants, intenses, ils secouent, ils touchent, augmentant l'état d'excitation du bébé [2]. »

Cette différence de comportement est notée par tous ceux qui se sont penchés sur la relation de l'enfant avec son entourage :

« C'est dans les jeux qu'on note la plus grande différence de style : les mères ont tendance à balancer doucement, à bercer, alors que les pères secouent

---

1. Tessy Berry Brazelton, *Les Premiers Liens*, Calmann-Lévy, 1991, p. 51.
2. *Ibid.*, p. 134.

rythmiquement leur enfant, ce qui, pour un bébé, constitue une information du plus haut intérêt [1]. »

Comment Boris Cyrulnik, après avoir observé que le nouveau-né distingue parfaitement le « holding » du père de celui de la mère, peut-il écrire quelques lignes plus loin : « Pendant les six premiers mois de la vie, je l'ai nommé le " père maternant " parce que son mode d'interaction avec le bébé est statuairement le même que celui de la mère. Le père entre dans le psychisme de l'enfant, directement, par les canaux de communication sensorielle, de même que la mère : il répond aux mêmes lois biologiques [2]. »

Ce n'est pas parce qu'il entre en communication avec son enfant par les mêmes canaux de sensorialité, que le père prend figure de mère, puisque nous venons de voir qu'au contraire, l'enfant identifie chacun des deux parents à la façon qu'il a de s'occuper de lui. Et on ne voit pas de raison d'affubler le père du nom de père « maternant » sinon dans une optique où les sentiments paternels n'ont que peu d'intensité.

« La naissance d'un bébé pour le père prend une importance énorme dans sa représentation, puisque désormais sa vie ne sera plus jamais comme avant. Mais l'expérience sensorielle est *médiocre, tiède, presque irréelle*. C'est la mère qui connaît l'expérience la plus intense, la plus amoureuse, la plus douloureuse, la plus réellement vécue. Le père devrait dire : " Je sais que cette naissance est capitale pour moi, mais je n'ai pas cette expérience réelle initiatique que ma femme a connue. " Lors de la naissance de son enfant, il sera baptisé " père " par la couvade sociale [3]. »

Il est clair que l'attitude de cet auteur, tout en se

---

1. Boris Cyrulnik, *Sous le signe du lien, op. cit.*, p. 114.
2. *Ibid.*, p. 117.
3. *Ibid.*, p. 113. Souligné par l'auteur.

voulant moderniste, reste très restrictive et très ambivalente, tantôt se félicitant que le père puisse avoir avec son enfant une relation affective et sensuelle, et tantôt minimisant tout ce qui peut être éprouvé par le père, lorsqu'il est mis en contact direct avec celui qu'il attendait beaucoup plus fantasmatiquement que la mère, qui, elle, le sentait vivre à l'intérieur d'elle-même.

D'ailleurs, malgré la tentative d'introduction du père, Boris Cyrulnik ne peut s'empêcher de retourner inéluctablement à la mère et, dans son livre, on peut trouver côte à côte :

« Le simple fait de n'avoir observé les interactions directes bébés-pères qu'à partir de 1976 prouve seulement à quel point, dans notre culture, le mot nourrisson était invinciblement associé à celui de mère. Beaucoup d'hommes ont été privés du plaisir de *materner* leur bébé, et c'est aux féministes qu'on doit aujourd'hui d'observer ces jeunes hommes ravis de porter, nourrir, bécoter leur enfant et d'exercer un art si longtemps réservé aux grands-pères [1]. »

« Même lorsque le père a materné son bébé, il devra, vers le sixième mois, être présenté par la mère. La mère sécurisante possède le pouvoir de familiariser son enfant avec ce visage. Elle peut baptiser « papa » cet homme alentour et, le désignant par ce mot, y familiariser l'enfant [2]. »

On ne peut que s'irriter de tels écrits dont l'un fait de l'homme une femme puisqu'il « materne », et dont l'autre le désigne comme homme-alentour, oubliant qu'un père introduit dans la triade de départ n'a pas à être ni présenté, ni reconnu, car il y a longtemps que son enfant le distingue de tout autre, à l'instar de la mère, comme faisant partie de son intimité, de sa bulle primitive.

---

1. *Ibid.*, p. 112. Souligné par l'auteur.
2. *Ibid.*, p. 119.

Une fois que le père a pris cette place, où il s'occupe autant de l'enfant que la mère, il est devenu un père « paternant »; pourquoi lui coller éternellement l'appellation rétrograde de père « maternant »? On ne peut comprendre que si l'on va plus loin dans l'hypothèse de Cyrulnik, qui n'ose en rien rejeter l'hypothèse lacanienne du père « nommé » et « présenté » par la mère, ce qui paraît tout à fait inutile si l'enfant a été « paterné » dès le début par son père, auquel cas, en effet, il est appréhendé comme père par sa voix, son odeur et sa façon de tenir l'enfant. Nulle présentation n'est nécessaire pour celui qui *n'est pas et ne sera plus jamais* un étranger.

La présentation aux étrangers par la mère, à huit mois, n'a de sens que vis-à-vis des personnages extérieurs à la bulle de l'enfant, qui, grâce au perfectionnement de sa vue, se met à distinguer, avant qu'ils ne parlent et par la vue seulement, l'étranger du familier. Et Cyrulnik n'apporte rien aux pères en les assimilant à ceux qui n'ont pas eu de symbiose sensorielle avec l'enfant et doivent lui être présentés.

Il est évident que certains ne veulent pas renoncer à la spécificité de la mère et que, pour eux, tout être s'occupant d'un enfant ne peut faire que du simili-maternel! Comment l'homme se sentirait-il bien dans ce statut de femme? Pourquoi ne pas dire aux hommes que ce qu'ils font avec l'enfant s'appelle du « paternage » puisque cela vient d'un père? Pourquoi ne pas leur dire que s'ils ne font pas ce « paternage » avec leur enfant, personne excepté un autre homme ne pourra le faire à leur place? Que leur fonction est spécifique et différente de celle de la mère parce qu'ils sont des pères sexués différemment, ayant des gestes d'homme, différents de ceux des femmes, ressentis tels par l'enfant, et que surtout leur amour pour l'enfant est coloré « différemment » selon la loi œdipienne et à l'inverse de la mère.

Que les pères se rassurent : être père leur appartient à eux seuls, et ne risque pas de les faire devenir des femmes... En revanche les femmes, en s'affirmant seules responsables de l'enfant, risquent de les faire disparaître en tant que pères réels, et c'est bien ce que la loi n'a cessé de faire depuis 1972.

Même Elisabeth Badinter, pourtant connue comme celle qui veut réconcilier l'homme et la femme, après avoir écarté tout avantage féminin auprès de l'enfant dans *L'Amour en plus*, en vient aujourd'hui à l'hypothèse curieuse d'un homme androgyne [1] tantôt « maternant », tantôt joueur de rugby... Je n'ai rien contre le maternage, bien au contraire, mais je ne crois pas, comme Elisabeth Badinter, que « le maternage n'a pas de sexe ». Le seul fait que le mot commence par la racine latine « mater » l'attribue à la femme-mère, tandis que le « paternage » dérivé de la racine « pater » doit être le fait de l'homme-père ; pourquoi inventer ce curieux personnage d'un androgyne, doublé d'un père-mère, quand il s'agit de l'homme aimant son enfant.

Tous les auteurs, jusqu'à ce jour, c'est clair, tout en recommandant à l'homme de s'occuper de son enfant, lui signifient qu'il doit accepter pour quelque temps le fait d'être assimilé à une femme, en faisant du « maternage ». Les pères peuvent devenir « maternants » dit Boris Cyrulnik, et il est difficile pour les hommes de se situer dans ce charivari de fonctions matripaternelles. Certains les découragent de prétendre à une place égale à celle de la mère et leur conseillent d'être « « père idéal » au sein d'une triangulation psychique entre père, mère et enfant, certains autres leur susurrent que s'ils acceptent

---

1. Elisabeth Badinter, *X/Y*, *De l'identité masculine*, Odile Jacob, 1992.

d'être des pères-mères ou des pères « maternants », tout ira pour le mieux ! Personne pour leur dire que l'homme, devenu père, est *un homme qui reste ce qu'il est* : un être au masculin qui, aujourd'hui, se met à aimer un enfant à sa manière masculine. La paternité n'implique ni changement de sexe, ni de manières, elle implique d'aimer son enfant et de le lui « montrer » comme on le fait vis-à-vis de tous ceux qu'on aime : les êtres humains se manifestent leur tendresse en s'embrassant, en s'étreignant, en se donnant la main, en faisant ensemble les choses, en parlant ensemble des difficultés, en s'invitant les uns les autres à partager le même repas, et si quelqu'un est trop jeune ou trop vieux pour manier sa cuillère, c'est quelqu'un qui l'aime qui va l'aider (il ne l'accepterait pas d'un inconnu). C'est tout cela que le père doit faire avec son enfant et cela s'appelle « paterner ».

Enfin Tessy Berry Brazelton apporte une magnifique pierre à l'édifice de la paternité quand il écrit :

« En fait, si le bébé perçoit la présence du père (par l'intermédiaire de la mère ou par l'investissement direct que le père fait du bébé), *il y a bien une triangulation précoce*, introduisant un tiers, un non-mère [1]. »

Le voilà ce mot si précis et si vague à la fois, *le père c'est le non-mère* – l'Autre de la mère, aurais-je tendance à l'appeler pour mon compte –, mais la formulation qui désigne le père est née : le père c'est *celui qui n'est pas la mère*. Que les hommes se rassurent, que les hommes s'avancent vers leurs nouveau-nés avec leurs gestes d'hommes, l'enfant a *aussi* besoin d'eux !

« Par ailleurs, les récentes études sur l'interaction ont démontré un phénomène qui nous force à reconnaître l'importance d'un attachement primaire

---

1. Tessy Berry Brazelton, *op. cit.*, p. 53. Souligné par l'auteur.

entre bébés et pères. Lorsque le père est réellement présent (psychiquement et géographiquement), les bébés démontrent des capacités d'attachement envers lui presque aussitôt qu'en ce qui concerne la mère... Ces études démontrent que le père peut être un parent compétent d'emblée, entraînant un attachement plus précoce au père que nous ne l'avions imaginé jusqu'alors. L'ensemble de ces données indique le rôle crucial, *dès la naissance*, du père dans le développement progressif de l'identité du garçon... Premièrement, il établira un attachement réciproque, étayant la construction d'images mentales d'un non-mère, introduisant l'enfant dans le monde des différences (notamment des différences sexuelles) et dans l'univers social. Ce faisant il s'offre comme objet d'identification alternatif, ce qui protège le garçon contre l'exclusivité du lien symbiotique mère/enfant et relativise la permanence de l'empreinte de l'identification féminine [1]. »

Voilà enfin quelqu'un qui comprend le danger du lien symbiotique exclusivement maternel et qui propose l'intervention du père, comme étant le seul à pouvoir minimiser ce lien, et proposer précocement à l'enfant mâle un autre modèle que celui de la mère. Car c'est bien au nom du modèle féminin à ne pas reproduire que les hommes mettent tant de temps à comprendre leur véritable rôle de père.

« La peur des bébés, affichée par tant d'hommes, est en fait l'expression de l'angoisse permanente de retomber dans la féminité primaire : à notre avis, c'est le facteur psychique qui contribue le plus lourdement à l'évitement qu'affichent beaucoup d'hommes envers leur engagement avec des petits enfants... Ils sont d'accord pour devenir pères mais à

---

1. *Ibid.*, p. 85.

condition que ce rôle soit purgé de toute assimilation au maternage[1]. »

Ceci correspond bien à la réponse obtenue dans une enquête[2] faite auprès de cent pères lors de l'accouchement de leur femme : quelque 70 % d'entre eux, à la question « Existe-t-il un instinct paternel ? », ont répondu « oui », ce qui veut bien dire que l'homme commence à renoncer à laisser l'exclusivité de l'enfant à la seule mère. Réponse encourageante, car elle indique quelque chose de l'ordre du frémissement d'un changement du côté de l'homme.

Pour l'instant, les hommes sont encore entravés de prendre à cœur leur fonction du fait du souvenir de leur mère, qui fut le plus souvent la seule à vivre la symbiose infantile avec eux, et il leur est difficile d'accepter de faire ce qui fut fait pour eux par une femme. Mais viendra le temps où l'homme, celui qui naît aujourd'hui, pourra se souvenir des tendresses de son père, et les reproduire avec son enfant en tant que caresses viriles. La mutation est lente, mais l'onde se propage un peu partout : les enfants ont souvent des pères tendres, affectueux, qui se laissent aller au sentiment œdipien ou non œdipien, sachant que l'Œdipe est une étape cruciale et inévitable, qui sera d'autant mieux traversée par l'enfant qu'il sera accompagné par ses deux parents, dont l'un lui sert de base pour ce qui est de son identité, et l'autre de modèle pour ce qui est de son identification.

Je peux aussi vous raconter une histoire qui montre clairement ce qui arrive dans le cœur d'un enfant dont le père ne s'occupe pas, croyant bien faire de laisser ce soin aux femmes.

---

1. *Ibid.*, p. 56.
2. Enquête menée par l'auteur en 1993, dans deux maternités (Montpellier-Pertuis), avec la collaboration des docteurs Belaiche et Grelet.

Une petite fille de sept ans vivait chez ses parents dans une famille bourgeoise du Sud-Ouest. Il y avait là sept enfants, chaque enfant avait sa nourrice pour s'occuper de lui et l'allaiter jusque vers ses deux ans, âge où il passait alors aux mains de bonnes, qui lavaient, peignaient, habillaient les enfants de monsieur et de madame. Un jour, la petite fille – qui ne voyait sa maman que le soir au lit pour faire sa prière et son papa que de très loin à table, où il lui était interdit de parler en tant qu'enfant – courant trop vite dans le jardin, heurta une pierre et tomba, s'écorchant ainsi le genou (comme nous l'avons tous fait un jour ou l'autre), qui se mit à saigner. Les frères et sœurs appelèrent la bonne, qui appela madame, et celle-ci, entendant qu'il y avait un malheur, vint à la rencontre de tout ce petit monde, flanquée de son digne mari. Celui-ci, tout ému de voir l'enfant saigner (il ne s'occupait en général que de ses propriétés et non pas des genoux de ses enfants...), eut le réflexe spontané de caresser la tête de sa petite fille en lui disant « ma pauvre Thérèse »... L'enfant, qui semblait très préoccupée de se voir saigner, releva alors la tête et, toute surprise, dit à ce père jusque-là étranger pour elle : « Papa, vous m'aimez? »

Cette petite fille était ma mère, et, à sept ans, elle croyait que les papas n'aimaient pas et n'étaient pas chargés d'aimer les enfants. On était en 1910 environ. Précieuse histoire que ma mère me raconta un jour, au détour d'une conversation, sans penser que cette question reviendrait périodiquement tarabuster son analyste de fille! Car, moi, ayant eu un père médecin, qui m'avait prise dans ses mains dès les premiers instants de ma vie, puisqu'il accouchait ma mère, j'ai eu tout de suite le loisir d'intégrer son odeur et le contact de ses mains osseuses et longues, qu'à tant d'années de distance je n'ai toujours pas oubliées. Au cours de mes maladies et accidents d'enfant, il m'a souvent examinée, palpée, auscultée, et bien qu'il ne m'en parlât jamais, je savais que mon père m'aimait, c'est une chose que, contrairement à beaucoup d'autres, je n'ai jamais mise en doute.

Voyez l'énorme différence de sentiments d'un enfant à l'autre dans la même famille, la même région, le même milieu, selon que le père « touche » ou « ne touche pas » à l'enfant dès son jeune âge : il peut être vu comme un être privilégié qui aime l'enfant, ou comme un être indifférent, qui n'aime que la mère et les affaires...

Mais il n'y eut pas que ma mère à être élevée, en ce début de siècle, dans les jupons de femmes en pensant que les pères ça ne s'occupaient pas des enfants, mais de choses bien plus importantes... Il y eut des millions de Français et de Françaises qui, comme elle, adoraient leur mère et « respectaient » ou « injuriaient » leur père sans avoir jamais appris à l'aimer autant que leur mère.

Et, parmi eux, il y a tous ces chercheurs – étho-logues, psychologues, psychanalystes – qui ont tant de mal, aujourd'hui, à donner une autre place au père que celle qu'ils lui ont toujours connue...

Chapitre IV

CHER ŒDIPE...

Passant des psychanalystes aux sociologues et aux éthologues, une chose ne peut éviter de nous frapper; ils ont presque tous une seule et même grande peur : que l'homme, sous le prétexte de remplir sa fonction de père, ne s'assimile à la mère et ne devienne une femme! Ce serait le comble de l'horreur! Depuis saint Paul au premier siècle de notre ère jusqu'au psychanalyste américain Robert Stoller, notre contemporain, l'exhortation est toujours la même : hommes, gardez-vous de vous comporter comme des femmes! D'où l'horreur déclenchée par l'homosexuel! D'où la commisération envers celui qui prend un congé parental pour s'occuper de son enfant, d'où la misogynie persistante envers des femmes qui, ayant les mêmes diplômes et les mêmes compétences que les hommes, briguent les mêmes postes dans l'entreprise...

Si les hommes se sont rapidement déshabitués de la courtoisie qui faisait de la femme un être à qui ils accordaient le même respect qu'à leur mère, ils ne s'habituent toujours pas à voir les femmes aux postes de commande à leur côté. Les femmes ne sont toujours pas les égales des hommes malgré vingt ans de féminisme. Malgré les lois antiségrégationnistes à l'embauche, malgré la loi sur le harcèlement sur les lieux de travail, les femmes n'arrivent toujours pas à l'égalité de responsabilité ou de salaire avec les hommes de leur âge...

Quelle sorte de compte à régler avec la femme transforme tout homme en misogyne? Et de quoi se protègent les mâles en se défendant ainsi de la cohabitation avec les femmes, ailleurs qu'au lit où ils peuvent être assurés de leurs avantages?

L'intérêt n'est pas ici faire le recensement de toutes les inégalités sociales qui frappent les femmes, mais de regarder en face certains faits, qui manifestent sous des dehors différents, avec des lois consciemment réfléchies et votées par des hommes, que ceux-ci ne cessent de situer inconsciemment la femme « ailleurs » que là où ils sont et ont le pouvoir. La femme serait-elle vue comme l'ennemi du pouvoir de l'homme? Il y a comme un consensus général masculin, qui consiste à faire payer très cher à la femme le fait d'être mère... Secrètes mesures de rétorsion contre celles qui ont exercé le pouvoir sur l'homme jeune? Elles ont eu ce pouvoir, elles n'en auront point d'autres!

C'est ce que comprennent en tout cas les femmes qui cherchent à mener leur vie de travailleuses sans se départir du pouvoir sur l'enfant. Ainsi Ségolène Royal, ministre de l'Environnement, expliquant, en octobre 1992 à la télévision, que sa maternité ne l'empêchera pas de vaquer normalement à ses occupations de ministre.

Et il est bien vrai que tous ceux qui ont fait des recherches ou écrit sur l'homme-père ont toujours terriblement tenu à « discriminer » le rôle du père de celui de la mère, jusqu'à en faire un rôle imaginaire avec fonction de père idéal, à moins qu'on ne lui donne le rôle de substitut par rapport à la mère :

si l'homme fait quelque chose de nourricier ou de tendre avec l'enfant, c'est qu'il « remplace » la mère, c'est qu'il est un « père-mère ». En aucune façon il ne peut ni ne doit rivaliser avec cette toute-puissante femme-mère qui lui rappelle assurément une autre femme, tellement aimée dans son enfance puis si cruellement rejetée par la suite.

Le psychanalyste américain Stoller écrit : « Le premier devoir pour un homme est : ne pas être une femme [1]. »

On voit là que la définition du masculin par l'homme se résume à n'avoir rien de féminin. C'est une définition privative et antimaternelle qui fait de *l'identification masculine une contre-identification à la femme* : l'homme ne s'érigerait pas par rapport à un modèle d'homme mais par rapport à l'évitement du modèle féminin. « Même bien refoulée, la symbiose maternelle hante l'inconscient masculin [2]. »

Il est évident qu'on se trouve là face aux reliquats de l'histoire œdipienne de l'homme avec sa mère, et le romancier américain Philip Roth l'exprime on ne peut plus clairement : « Dire non à sa mère pour pouvoir dire non aux autres femmes [3]. » Mais ne faut-il pas inverser la proposition et la mettre dans cet ordre : dire non aux autres femmes pour (continuer de) dire non à la mère ?

Voilà une question qui met en cause directement la relation du petit garçon à sa mère œdipienne. En effet, pour prendre une place de « sujet », l'enfant doit à un moment donné se dresser contre l'adulte dont il se sent l'objet. Si cet adulte est une femme, cela entraîne pour cet enfant le rejet de toute femme et l'évitement dans l'âge adulte de toute situation où

---

1. Robert Stoller, *Masculin ou féminin ?*, traduit par Yvonne Noizet, Colette Chiland, PUF, 1989, p. 311.
2. Elisabeth Badinter, *op. cit.*, p. 89.
3. Philippe Roth, *Les Faits*, Gallimard, 1990, p. 30.

l'homme se verrait pris comme « objet » de la femme. On ne peut que penser ici à la déroute de certains hommes devant le désir exprimé par les femmes d'en faire leurs objets d'amour.... La plupart des impuissants et éjaculateurs précoces ne peuvent faire face à la demande supposée de la femme, et j'ai déjà parlé de ces hommes dont les fantasmes tournent autour de la soumission et du silence de leur partenaire, silence comparable à la mort [1].

Et que dire de la recrudescence des viols et autres violences faites aux femmes, qui prennent indûment dans la tête de l'homme la place de la mère œdipienne, que le petit garçon n'a jamais osé agresser. Tout le monde ne peut pas jouer les Oreste! Et tuer celle qui a écarté le père du chemin de l'enfant!

Le problème de la famille monoparentale dont on parle le moins est celui qui, invisible au départ, aura les plus grandes conséquences dans la vie inconsciente de l'enfant : face à une femme aimante et seule, ni le fils ni la fille ne peuvent l'agresser comme ils en auraient le besoin, car ils perdraient alors le seul appui qu'ils aient au monde, en même temps qu'ils deviendraient coupables de blesser celle qui leur manifeste tant d'amour. Leur agressivité naturelle contre l'autorité se voit donc dangereusement refoulée jusqu'au jour où elle éclate à l'extérieur, dans un tout autre lieu et vis-à-vis d'une tout autre loi que celle de la mère... C'est alors le passage à l'acte dans un lieu public, c'est l'attaque violente contre une grande surface, un collège ou un commissariat, tout lieu représentatif de la vie sociale régie par des lois adultes.

Il en va de même pour le drogué qui, refusant de vivre ce qu'il ressent comme agressif, préfère se réfugier dans des paradis artificiels dont la mère paraît absente, alors que cet individu ne cesse de

---

1. Christiane Olivier, *Les Enfants de Jocaste, op. cit.*, p. 87.

régresser et de retourner vers une mère cosmique et symbiotique, hors de laquelle il lui devient impossible de vivre... Se désintoxiquer est dur parce que cela suppose d'apprendre à grandir et à affronter la solitude.

En fait, la mère devient d'autant plus dangereuse qu'elle est œdipienne de nature et se trouve seule face à son enfant. Qu'est-ce qu'une mère œdipienne ? C'est une femme qui se trouve « comblée » par la différence sexuelle qu'elle éprouve avec son enfant mâle : la castration de n'être que femme lui semble s'abolir avec ce petit garçon qui possède ce qui lui manquait à elle-même. La même femme éprouve des sentiments inconscients tout à fait autres vis-à-vis d'une fille qui la « redouble », la « recommence » ou la « continue », mais à aucun moment ne peut parer à sa propre castration.

Pour parer au manque d'un de ses parents, il faut être de sexe différent : le garçon « comble » sa mère, la fille « complète » son père. L'Œdipe est ce sentiment de complétude idéale qui s'installe entre le parent et l'enfant de sexe opposé, car de même race ils possèdent à eux deux tout du sexe, ce qui donne au parent œdipien l'impression qu'avec son enfant il forme ce fameux « tout » que Lacan évoquait en ce qui concerne la femme. Mais c'était pour lui rappeler qu'elle n'était justement pas « toute » et qu'elle ne se croie surtout pas rendue là où l'homme ne pourrait jamais atteindre : à la bisexualité de celle qui a engendré sa propre différence.

Il n'empêche que ce fameux *tout* qui ne devrait que traverser les premiers mois de la vie mère-fils s'étend, la plupart du temps, bien au-delà avec une mère qui découvre là tout ce qu'elle avait tant espéré d'amour de la part de l'homme. Elle trouve cet amour sans réserve ici, avec « son petit garçon » comme elle le désigne souvent elle-même, ignorante du fait que pour rester son « petit », le garçon peut refuser de grandir, d'évoluer, et rester dans le nirvana avec la mère au-delà du temps prévu. Les retards et troubles scolaires concernent essentiellement des garçons peu pressés de rejoindre le clan des hommes et de leur père, qui ne paraît pas tenir une grande part dans la vie de l'enfant (seulement 5 % des jeunes pères ont choisi de modifier leur vie pour s'occuper vraiment de leurs enfants).

C'est donc, nous le voyons ici, le parent œdipien qui, inconsciemment, tombe le premier dans ce complexe du fait de son propre sexe et de celui de l'enfant. Ce qui explique que, parfois, les parents refusent de savoir le sexe de l'enfant pendant la grossesse. Ils se doutent, quelque part, que cela ne peut leur être indifférent ni à l'un ni à l'autre, et préfèrent conserver un enfant « imaginaire », qui peut être du côté du père ou de la mère, et qui, dans leurs fantasmes, n'a pas de sexe réellement identifié. C'est donc un enfant parfait qui est attendu, puisqu'échappant à la loi de la castration, de la différence, qui frappe tous les humains.

En donnant aux parents la possibilité de connaître le sexe du bébé, on leur donne le choix de débuter plus tôt leurs sentiments œdipiens ou non vis-à-vis de l'enfant. Leur comportement face à cette annonce, parfois refusée, prouve qu'ils savent d'une certaine façon que ce sexe entraînerait chez eux des réactions intérieures et secrètes, dont ils craignent qu'elles ne les séparent, eux jusque-là si unis devant cet enfant à venir, qui les représente tous les deux sous une seule forme indéterminée : celle du bébé (terme neutre dans notre langue).

Le rêve d'enfant « imaginaire » peut durer jusqu'à ce que le couperet de la parole médicale, le rattachant à un sexe ou à l'autre, le fasse basculer dans le champ de la réalité : celle de la castration, qui est la loi humaine la moins contournable. Chaque individu ne possède qu'une forme du sexe ou qu'une moitié du sexe selon que l'on remonte ou non au mythe d'Aristophane et de l'androgyne repris par Platon dans *Le Banquet*.

On peut mesurer ici que la castration du sujet ce n'est pas de « perdre » mais de « n'avoir pas », et que la constatation de la différence des sexes que fait l'enfant, vers l'âge de dix-huit mois, relève d'une imparable frustration-castration : selon son sexe, il doit renoncer à avoir celui de l'autre, cela le désole et il paraît par ses questions à ce moment-là vouloir rendre à chacun et à lui en particulier le « tout » qu'il croyait avoir.

Cette castration, reconnue par les parents, oriente l'enfant vers le parent détenteur de l'autre moitié du sexe. D' « objet passif » dans l'Œdipe avec son parent de sexe opposé, l'enfant devient « sujet actif » cherchant à obtenir ce qu'il sait maintenant ne pas avoir, alors qu'il a si longtemps imaginé, comme l'écrivit Freud [1], que tout le monde était fait sur le même modèle... Et le petit garçon se désole autant d'apprendre qu'il n'aura ni les seins ni l'utérus d'une femme, que la petite fille de comprendre que ce « truc » ne lui poussera jamais.

Il faut à ce moment l'appui du parent de même sexe qui se montre garant de la castration assumée au sein du couple, où l'autre possède ce qui manque de sexe, ce qui permet à nouveau d'avoir « le tout ». Si l'enfant ne reçoit pas cette confortation « homo-sensuelle » [2] de la part de son parent de même sexe, il va demander à se marier avec son parent œdipien,

---

1. Sigmund Freud, *Trois Essais sur la sexualité, op. cit.*, p. 91.
2. J'utilise ce terme, ainsi que celui d' « homosensualité », pour désigner des sensations identiques chez des êtres de même sexe. A ne pas confondre avec « homosexualité ». A l'inverse, l' « hétérosensualité » désigne la différence incontournable de sensualité entre les deux sexes.

croyant proposer là une solution idéale qui lui permettra de rester toujours avec sa différence. Mais l'interdit de l'inceste est là, pour éviter que le fleuve ne retourne à sa source et l'enfant à ses origines. Devant le refus parental, l'enfant doit bien renoncer à son rêve insensé pour faire d'autres rêves non interdits par la société : il déclare que quand il sera grand, il se mariera avec une autre femme, elle parle d'avoir plus tard un mari et beaucoup d'enfants. C'est la sortie de l'Œdipe qui se passe plus ou moins facilement pour chaque enfant selon le soutien inconscient de l'un et l'autre des parents.

L'enfant, ayant renoncé à sa fixation œdipienne familiale, se trouve libre pour de nouvelles amours soit gratifiantes, parce que de sexe opposé et apportant à l'enfant ce qu'il sait ne pas avoir : il y a des amours hétérosensuelles entre garçons et filles dès la maternelle; soit rassurantes parce que de même sexe que lui : les copains et copines de même sexe que l'enfant représentent la force rassurante de l'homosensualité – se savoir « pareils », quitte à faire quelques incursions dans le monde des uns ou des autres pour en savoir plus sur ce qu'ils n'ont pas... Les jeux sexuels entre enfants sous couvert de jouer au médecin ou au papa et à la maman font partie d'une curiosité œdipienne que nous avons tous connue. En conclusion, le sentiment d'identité homosensuelle sera la base de la vie sociale et amicale entre individus de même sexe. Tandis que les amours hétérosexuelles reposeront sur le rêve évanoui de n'avoir pas pu épouser le parent œdipien et sur le désir de recréer un couple où sera rétabli le « tout » primitif vécu dans l'Œdipe.

Il est intéressant de constater que les premières amours de l'adolescent sont absolues, extrêmes et d'autant plus précoces que le couple parental n'était pas rassurant ou même parfois inexistant...

La plupart des petits garçons, au sortir de la dyade complémentaire avec leur mère qui dure environ six mois, se mettent à vivre avec elle un amour œdipien endiablé et qui amuse dans l'instant tout le monde : cette mère n'a pas homme plus amoureux d'elle que ce petit garçon qui la dit et la pense toute à lui, c'est sa maman à lui... Il semble ignorer tout ce qui tourne autour de cette même mère et ignore également tout ce qui va les séparer : aussi est-il fort surpris de découvrir au hasard d'une porte ouverte ou d'un bain familial que sa mère n'est pas bâtie sur le même schéma corporel que lui, ce qu'il avait longtemps cru... Et de demander aussitôt si elle en aura « un » plus tard, ou si elle l'a perdu, et si, lui, va avoir bientôt des seins.

La réponse de la mère tombe comme un couperet, jamais ils ne seront pareils, il n'est donc pas comme celle qu'il aime tant, il s'agit d'une différence définitive et imparable : la castration de ce que l'on n'a pas et de ce que l'on ne sera jamais.

Il paraît à cet enfant impossible de renoncer cependant à son objet d'amour, et c'est là que, sans savoir à quoi il s'engage, il propose à sa mère de l'épouser quand il sera grand, tentant évidemment de rester son complément naturel tel qu'il l'a été depuis sa naissance, mais là une deuxième déception l'attend. Il se heurte à la loi qui structure les sociétés humaines : épouser un de ses parents contrevient à « l'interdit de l'inceste » et la mère refuse la proposition de son fils au nom de cette loi. D'ailleurs, que lui importe le mariage de corps avec celui dont elle a partagé l'existence charnelle pendant des mois ? Et ne sont-ils pas « ensemble » à tout jamais dans le fond de son cœur ?

C'est selon ce qu'elle éprouve inconsciemment

vis-à-vis de son fils, que la mère va plus ou moins barrer le projet de l'enfant. Le plus souvent elle va évoquer le père avec qui elle est déjà mariée, et brutalement, dans la plupart des cas, l'enfant va se rendre compte qu'il y avait un autre homme dans la vie de sa mère.

Il faut croire que celui-ci n'avait pas été bien gênant jusque-là pour que son fils mette tant de temps à réaliser son existence pour la mère; il faut croire que ce père n'avait pas non plus grande importance dans la vie de son fils et qu'aucune relation homosensuelle ne s'était liée entre eux pour que le fils ne s'adresse pas à lui pour ce qu'il en est de la différence constatée avec la mère... Mais la relation de corps n'existant pas entre eux, pourquoi l'enfant irait-il lui parler de choses aussi intimes que le sexe? Combien de pères acceptent de discuter de cela avec leur enfant? Ignorant que ce qui demande aujourd'hui un tout petit effort avec un enfant de vingt mois deviendra une impossibilité totale quand il aura atteint l'âge adulte.

Donc ce père, le plus souvent étranger à la dyade de départ entre mère et enfant, devient ici l'intrus qui dérange, le rival qui occupe la place convoitée, et l'enfant va souhaiter sa disparition et même sa mort au cours de ses rêves les plus secrets. Ce scénario entraîne la mise à l'écart du père, au moment où il est vu comme aimant la mère; et cette mise à distance venant de l'enfant fait écho au refus du père lors de la naissance, quand il a renoncé à prendre pied dans la vie de l'enfant, dans la triade, abandonnant ainsi l'enfant à sa mère.

Ces deux étapes, venant l'une du père, l'autre du fils, se répondent et sont à la base de la distance affective qui caractérise la relation des pères et des fils. Tout passera par leur amour d'une même femme qui servira de pont, de lien, de boîte aux lettres. « Ta mère a décidé », dira le père ; « Maman a dit », répondra le fils... C'est elle, la mère, qui les relie l'un à l'autre comme le disent et le souhaitent les psychanalystes. Le père et le fils, pour ne pas avoir eu de relation directe au départ, n'auront jamais de relation confiante par la suite. Ils se contenteront de se croiser au sein d'une même maison, aux alentours d'une même femme, le père étant devenu satellite de la parole de la mère. Et à son insu, il ne sera rien pour son fils s'il cesse d'être quelque chose pour sa femme. Curieuse conception du père, dont nous avons vu précédemment qu'elle fait dépendre entièrement la paternité du père du désir de la mère pour ce père : la femme pouvant ainsi, d'un coup de baguette magique et par une seule parole, réduire le père à néant (avec l'accord de la loi qui reconnaît l'importance de la fixation primitive à la seule mère).

Il apparaît ainsi qu'il ne peut être indifférent de confier le garçon unilatéralement à sa mère, que ce soit à l'intérieur du couple ou à l'occasion d'un divorce, car la mère, fût-elle la meilleure des mères, est soumise d'abord à la loi de son inconscient et ne peut éviter d'entraîner son fils œdipien dans le dédale de ses propres amours restées en souffrance avec son père.

L'Œdipe masculin est une fixation infantile à la mère, tellement universellement reconnue que pour en annihiler la trace beaucoup de tribus ont institué des rites d'initiation qui n'ont d'autres buts que de séparer le garçon de sa mère et de l'introniser dans la société des mâles où il devra à l'avenir avoir sa place loin de sa mère et de ses sœurs ! Certains de ces rites passent par la circoncision, signe marqué sur le sexe du petit garçon à qui il ne suffit pas d'être né « au masculin » mais qui doit porter en plus la marque de l'appartenance au clan des hommes :

ceci voulant bien dire qu'il ne suffit pas d'avoir un sexe d'homme pour être mâle mais qu'il est nécessaire d'être adopté et reconnu par les autres hommes, afin d'être définitivement écarté du risque d'être comme une femme. N'en va-t-il pas ainsi dans la religion juive dont nous connaissons la terrible prière : « Merci mon Dieu de ne pas m'avoir fait naître femme », et où le sexe naturel de l'enfant ne paraissant pas suffire pour établir l'enfant mâle comme sujet de Dieu, la circoncision est faite par un homme de Dieu dans le but de rappeler à tous l'alliance de Dieu et du masculin?...

Pourquoi avoir imaginé de telles pratiques portant sur le sexe, si ne rôdait toujours, au fond du cœur de l'homme, la peur permanente qu'aux mains de leur mère, les garçons oublient qu'ils sont des hommes ou, pis, qu'ils ne deviennent des femmes? Et ces pratiques appartiennent toujours à des hommes (sorciers, prêtres ou rabbins), comme si l'homme pensait que confier un garçon à une femme est dangereux pour son identité à moins d'y introduire le signe mâle et monosexué de la circoncision... Serait-il si difficile de rester un homme, face à une femme?

C'est toute la question que pose l'homosexualité masculine où, sans cesser d'être un homme, il se peut qu'au contact de la mère, l'enfant devienne « aussi » une femme. Le chemin de l'homosexualité ne peut se voir que comme celui d'un garçon qui, par *manque de père* et d'homosensualité avec lui ou par *trop de mère* et d'hétérosensualité avec elle, se trouve identifié à celui qui est *comme la mère* donc *différent du père*.

L'homosexuel souffre de cette proximité permanente avec la mère qui l'éloigne tellement du père, le pire étant que ni la mère ne lui parle de la « différence » qui les sépare, ni le père ne lui parle de la « similitude » qui les rapproche. Et l'enfant se trouve coincé dans une histoire où personne n'ose lui parler clairement de son appartenance sexuelle véritable. Le père s'éloigne d'une situation, où il voit bien que son fils prend l'ascendant sur le cœur de sa femme, et la mère fait comme s'il n'y avait rien de mal à cela, tout n'est-il pas *pur* entre elle et son fils? A qui elle ne parle jamais sexualité, faisant comme si « l'objet qu'il a en plus » ne pouvait gêner en rien leur connivence de cœur. L'amour œdipien respecte toujours la loi de l'inceste du côté des femmes et le sexe du garçon est considéré, dans certains cas, comme neutre! C'est bien la seule chose que ne peut pas être le sexe d'un être vivant...

C'est bien cela qui dérange le petit bonhomme très tôt dans sa vie et en fait quelqu'un qui se sent « différent », car c'est bien le premier mot qui vient à tout homosexuel pour désigner son état psychologique. Il se trouve être le lieu d'une « différence » et celle-ci doit être tenue au silence. Ne voulant ni abandonner sa mère ni être rejeté par son père, il se tait, dans l'angoisse existentielle du « qui suis-je? ». Ses camarades n'ont pas l'air d'avoir de tels problèmes et il n'ose leur en parler. Quand enfin « l'horrible silence » et « l'indicible différence » disparaissent à l'adolescence, c'est qu'il a rencontré quelqu'un qui est enfin pareil à lui... mais c'est un homme!

Comment jeter la pierre à celui qui, devenu l'objet de sa mère à cause de sa différence, se précipite vers un homme « semblable » afin de recouvrer parole et identité? Mais quelle identité si ce n'est celle d'un marginal? Car à partir du moment où un homme se déclare homosexuel, il trahit sa mère en aimant un autre homme et il dégoûte son père, qui lui dénie la qualité de mâle. Pour avoir résolu en lui-même son rapport au masculin et au féminin, il se trouve rejeté par la majorité des hommes, qui plus ou moins victorieux de leur relation œdipienne et de leur mère, lui reprochent de ne pas choisir son camp et de vouloir à la fois le féminin et le masculin, donc de refuser la castration qui est la loi générale. L'homosexuel ne cherche-t-il pas à éviter ce que personne n'évite et, se faisant, ne se met-il pas à part, comme déviant par rapport à la loi humaine de la monosexuation ? C'est cette déviance par rapport à la loi universelle qui fait qu'on lui refuse le droit d'éduquer des enfants puisqu'il trahit le premier des principes sociaux qui régissent la société, à savoir la différence des sexes.

L'hétérosensualité de la mère sans la contrepartie de l'homosensualité du père engendre, dans certains cas, la superposition de l'identité masculine et de l'identification féminine. Vivre auprès d'un autre homme pareillement sexué, c'est vivre un amour aussi symbiotique qu'avec la mère mais moins inquiétant, parce que le corps masculin y est valorisé en tant que masculin et que peut cesser « l'indicible différence » dont l'homosexuel se sentait le lieu. Sans doute la majorité des individus ne comprennent-ils pas le difficile chemin de celui qui n'a pu renoncer ni au père ni à la mère et a finalement perdu les deux.

L'homosexuel vit une masculinité qui n'est pas une contre-féminité, il ne s'est pas senti, comme la plupart des mâles, obligé à renoncer à ce que la mère avait imprimé en lui de tendre, doux et féminin, il ne s'est pas efforcé, comme le dit Stoller, de « ne pas être une femme », bien au contraire il a conservé le féminin de son enfance, n'ayant jamais eu à quitter sa mère pour aller vers un père avec qui il n'a eu ni histoire ni intimité. L'homosexuel n'a pas besoin de détester les femmes pour aimer les hommes et ses amitiés s'appuient plus sur la similitude entre hommes que sur la différence avec les femmes, en un mot c'est le seul être qui ne soit pas phallocrate. En ce sens il est différent de la plupart des autres hommes, dont la solidarité s'appuie le plus souvent sur la misogynie et dont la virilité repose sur le fait de ne jamais être comparable à une femme, ni physiquement, ni moralement, en souvenir de la différence à conserver avec le premier objet féminin : la mère.

L'homme, comme l'avait dit Freud et répété André Green, s'attache quand il est enfant à l'objet primordial, la mère, et ne changera plus d'objet :

« Il ne nous est pas difficile d'aboutir à ce résultat pour le garçon : sa mère était son premier objet d'amour, elle le reste[1]. »

« Le garçon pourra retrouver au terme de son développement psychosexuel un objet de même sexe que l'objet primordial, tandis que la fille aura à trouver un objet de sexe différent de celui de la mère[2]. »

Les hommes continuent donc en général d'aimer leur mère tout en vivant avec une autre femme, mais l'homosexuel, lui, a tellement aimé sa mère et l'aime toujours tellement qu'il n'a plus besoin d'autres femmes... Ce qui lui a manqué, c'est le père, comme deuxième objet principal, à côté de la mère et s'occupant de l'enfant à travers l'homosensorialité. « Toi, un homme comme moi », dit l'inconscient du père tandis que l'inconscient de la mère dit : « Toi, un homme différent de moi, et cependant venu de moi. »

L'identité de l'enfant tient en effet au fait qu'il est ressenti différent par un de ses parents et semblable par l'autre, et ceci bien avant que sa propre sexuation ne lui apparaisse comme un fait. Il doit, à travers les soins que lui donnent ses deux parents, sen-

---

1. Sigmund Freud, *La Vie sexuelle*, op. cit., p. 139.
2. André Green, *Nouvelle Revue de psychanalyse*, n° 7, 1973, p. 255.

tir qu'il passe continuellement du pareil au différent. Cela est si juste pour l'inconscient qu'on a pu observer que les parents embrassent beaucoup plus librement tout le corps de l'enfant quand il est du même sexe, les mères évitant avec leur fils le plus souvent la zone périsexuelle alors qu'elles embrassent leur fille un peu partout.

C'est le père qui est le plus naturellement à l'aise avec le corps de son fils et la mère avec celui de sa fille, car l'homosensualité fait partie de la vie. « Les parents touchent davantage les organes génitaux de l'enfant de même sexe qu'eux et moins ceux de l'autre [1]. » Ces hommes qui se tapent amicalement dans le dos quand ils se rencontrent, s'ils ne craignaient de devenir « comme des femmes », s'embrasseraient ou se donneraient le bras comme le font les femmes Mais l'homosensualité des mâles est interdite parce qu'elle n'est pas vue comme naturelle entre père et fils. Et *l'homosexualité véritable vient prendre la place d'une homosensualité infantile jamais vécue, entre père et fils.*

Oui, le corps du père est pour son fils un lieu de rassurement, même si bien des psychiatres et des pédiatres croient encore qu'il n'y a que la mère pour rassurer l'enfant... Les pères ont à reconquérir tout l'espace du corps avec leurs fils, ils ont à innover la relation homosensuelle avec eux, qui depuis des siècles leur était interdite au bénéfice de l'hétérosensualité des mères. Il apparaît que la communication entre hommes n'existe pas, parce que les hommes n'ont jamais appris à communiquer avec leur père et qu'ils s'acharnent à vouloir être compris par – et à comprendre – celles qui sont si différentes d'eux : les femmes !

Quelle ne fut pas ma surprise de relever, dans une

---

1. Charlie Lewis et Margaret O'Brien, *Reassessing, Fatherhood*, Londres, Sage Publications, 1987.

enquête auprès de cent adolescents[1], que les garçons comme les filles, en cas de difficultés, se confiaient à leur mère! Aucune connivence n'était relevée avec le père, et pour aucun enfant. C'est dire que du petit garçon jusqu'au vieillard, le sentiment de solitude peut traverser toute une vie, et que voulant absolument vivre avec sa différence, l'homme ne fait que compliquer son existence.

Le père est donc nécessaire pour éviter à son fils de se fixer seulement à une femme, et de n'avoir donc qu'un seul repère féminin, dont il cherchera toute sa vie à prendre ses distances.

Le silence dont les femmes se plaignent tant de la part de leur conjoint est toujours le fait d'une parole reléguée au placard en même temps que l'Œdipe avec la mère, et l'homme durant toute sa vie aura l'impression que parler intimement à sa femme ce serait se « livrer » à la mère et donc prendre une position infantile vis-à-vis de sa femme. En Amérique, on est en train de découvrir que les mâles ne peuvent plus continuer à vivre aussi cruellement coupés à la fois de leurs émois, à cause des femmes, et de leur homosensualité, à cause des hommes. Et on invente pour eux des techniques de groupe entre hommes, telles celles de Robert Blye, à seule fin de leur faire découvrir l'homosensualité qui existe entre eux et qui va leur permettre de sortir de leur solitude : on les retrouve ainsi hurlant, s'embrassant et pleurant au milieu des bois – la nature n'est-elle pas une mère qui, contrairement à la société, accueille sans discrimination tous les humains, hétéro ou homosensuels?

Si les hommes trouvent les chemins de la fraternité mâle, est-ce pour autant qu'ils se débarrassent de l'archaïque peur des femmes et de la distance à

---

1. Enquête menée par l'auteur en mai 1993 dans trois lycées d'État (Paris, Montpellier, Berre-l'étang).

maintenir avec elles? Oublieront-ils jamais la toute-puissante mère qui a habité leur enfance et envahi leur inconscient? Pas plus que les filles n'arriveront à évincer leur terrible rivale, les hommes n'arriveront à laisser de côté l'idée que les femmes ne doivent en aucune façon les égaler ou les dépasser et, pour en arriver là, le plus simple n'est-il pas de leur attribuer des places et des rôles radicalement différents de ceux des hommes? Ne sommes-nous pas, ici, au cœur même de l'institution d'une société phallocrate?

L'Œdipe au féminin

Si je n'avais qu'un auteur à citer en ce qui concerne l'évolution de la fille vers la femme, je choisirais le psychanalyste André Green pour ce petit bout de phrase qui situe si clairement le problème des filles :

« On ne saurait assez insister sur le fait que les destins sexuels du garçon et de la fille diffèrent considérablement. Car si l'un comme l'autre s'attachent à l'objet primordial, la fille aura à trouver un objet de sexe différent de celui de la mère. Son évolution la voue au changement d'objet (premier déplacement-renversement par substitution, allant de la mère au père), suivi d'un choix d'objet définitif (deuxième déplacement du père au substitut du père). Cette propriété du développement féminin rendrait compte des difficultés propres à la sexualité féminine [1]. »

Effectivement, l'évolution de la fille se caractérise par le *changement d'objet*, l'objet maternel ne semblant pas convenir bien longtemps à celle qui n'a pas

---

1. André Green, « Bisexualité et différence des sens », *Nouvelle Revue de psychanalyse*, n° 7, 1973.

eu la chance de naître dans la situation œdipienne narcissisante que rencontre d'emblée le garçon. Si le garçon aborde la vie par l'hétérosensualité, la fille rencontre à son arrivée l'homosensualité avec sa mère. Mais, pendant des années, elle va lui être bien *inférieure* : le corps d'une petite fille ne ressemble guère à celui d'une femme pendant les douze premières années, et la mère, qui est la première à le savoir, va tout faire pour « réparer » ce que la nature a établi. Si sa fille n'a pas encore d'atouts, elle va avoir des atours... petites filles ou vieilles femmes ont le même recours au___ ___ux, signes extérieurs d'une féminité qui n'est p___ ___ ___ ___ui n'est plus. Considérant la nouvell___ ___ ___ fidèle miroir d'elle-même, la ___ ___ donc s'efforcer___ par des artifices extérieur___ ___ ___ester une féminité encore ___ ___rente. Chaque mère propo___ ___ ___qu'elle va assurer), beauté___ ___ et fémi-nité (dont elle se ___ ___les che-mins). On ne pe___ ___fille sera moins aimée de___ ___çon, mais elle est aimée bie___ ___garçon est aimé pour ce qu'il *est*, la ___ ___ée pour ce qu'elle *sera*...

Les sentiments inconscients d'une mère vis-à-vis de sa fille ne sont pas œdipiens puisque sa fille ne lui apporte pas ce qu'il lui manque de sexe, il ne s'agit pas de « complétude », mais de « recommence-ment ». Si son père ne s'occupe pas directement d'elle, son corps n'est pas reconnu et touché hété-rosensuellement et elle reste alors pré-œdipienne-ment neutre : objet d'amour mais non de désir sensuel.

La petite fille est identifiée à celle qui va réussir là où la mère a échoué. Une femme a du mal à ne pas souhaiter à l'enfant sortie d'elle un meilleur destin que le sien, pensant pouvoir l'aider à réaliser ce destin. Mais la psychanalyse nous apprend que l'identité ne peut se constituer que dans la mesure où le sujet peut s'établir entre similitude et différence : on ne peut envier la petite fille qui arrive au monde en étant déjà imaginée et pensée par sa mère comme similaire à elle-même. Cette enfant n'a alors d'autre place que celle d'être conforme au désir de la mère, à moins qu'elle ne s'oppose à ce désir... qu'elle refuse de correspondre à cette attente venant de l'Autre femme, et qu'elle s'engage dans le chemin de la rébellion.

On peut comprendre l'opposition fondamentale qui se manifeste chez certaines petites filles ou adolescentes par de redoutables anorexies, acharnées qu'elles sont à refuser tout ce que veut la mère pour elles. On peut comprendre aussi celles qui, refusant de se conformer au rêve de féminité maternel, deviennent des êtres hybrides qu'on appelle « garçons manqués ». Ce n'est pas qu'elles veuillent être des garçons, c'est qu'elles refusent de jouer comme des filles et de devenir des « objets » à maman : elles deviennent ambivalentes entre masculin et féminin. Plus tard, certaines prendront le chemin de l'homosexualité, où elles rencontreront des révoltées comme elles. Voici ce qu'on peut entendre dans mon bureau lorsque d'anciennes petites filles expriment à quel point elles se sentent vides, habitées par le désir de l'autre.

« Ma mère? Je l'ai déçue, tellement déçue, tout le temps, comment penser qu'elle pouvait m'aimer, alors que tout ce que je faisais lui déplaisait? »

« Faux, j'avais tout faux puisque je ne faisais pas ce qu'elle voulait. »

« Elle ne pouvait pas m'aimer, j'étais trop différente de ce qu'elle attendait. »

« Il fallait que je vive sa vie, que je sois à sa place,

quitte à perdre la mienne, car je n'avais d'autre place que celle qu'elle m'assignait, alors je suis allée contre elle, contre tout ce qu'elle disait ou voulait, j'étais devenue « mauvaise » et j'ai peur de l'être encore... »

« Déçue, elle était déçue, je n'ai entendu que ça! Je ne faisais jamais comme elle voulait, donc jamais bien. »

« Elle me voulait pour elle, pour elle toute seule et elle m'a privée de mon père, m'empêchant de l'approcher, de lui parler, de l'embrasser, elle était toujours là en travers comme s'il n'était qu'à elle... Et mon père maintenant ce n'est plus qu'un étranger. C'est comme si j'en avais pas eu... »

Les femmes refont en général à leurs filles ce que leur mère leur a fait trente ans plus tôt, et cela en toute bonne conscience et avec le secret espoir qu'elles seront plus heureuses qu'elles. Elles enferment ainsi l'enfant dans une relation où celle-ci se voit obligée de se conformer au désir de l'Autre sous peine de ne plus être aimée, de décevoir. Ce qui restera la crainte féminine universelle : ne pas correspondre à l'Autre, à la demande, à la mode. Toute la femme réside dans cette crainte et nos journaux ne parlent que des moyens de s'adapter à ce qui *plaît*. Lire un journal féminin est terrible car c'est mesurer à quel point les femmes restent toute leur vie enfermées dans ce fantasme de convenir, plaire, pour être *aimées*.

On les croit généreuses, dévouées, on admire leurs qualités au lieu de voir que celles-ci cachent un horrible mal-être : elles n'ont inconsciemment qu'une place, celle où elles seront approuvées par tout le monde... Sans cela, d'où viendrait l'acharnement à suivre la ou les modes? L'acharnement aux besognes matérielles qu'elles n'aiment pas mais qui leur permettent de se faire apprécier? L'acharnement à devenir mère comme toutes les autres femmes?

Pourquoi si peu de femmes montent-elles aux créneaux de la politique, de la finance, de la culture? Parce qu'il est difficile d'occuper des postes à responsabilité et de faire des choix qui plaisent à tous : les femmes n'ont pas l'habitude d'encourir le blâme, cela les dénarcissise, alors que si elles s'occupent d'enfants et d'éducation, elles recueillent l'approbation de tous! Le choix est vite fait...

Donc, curieusement, c'est avec la mère que la petite fille apprend comment « convenir », comment « plaire », comment « séduire » cette mère, puis, vers trois ou quatre ans, ce père avec qui elle découvre une autre sorte d'amour, qui ne s'appuie ni sur le faire, ni sur le dire, mais sur « l'être femme » de la petite fille. Si son père s'y prête, elle va faire un petit début d'Œdipe avec lui, cet Œdipe si rassurant pour le corps, car ce corps de fille convient au père qui le *reconnaît comme sa différence*. Trois ans d'amour sous conditions avec la mère, avant de découvrir l'amour inconditionnel du père... Trois ans de pré-Œdipe angoissant avant cet Œdipe rassurant, était-ce nécessaire, obligatoire? Tout ce chemin de soumission ou d'opposition va laisser entre mères et filles un goût doux-amer et engendrer chez la fille la tendance définitive à se comparer à l'autre femme... Comment aimer les femmes comme des sœurs quand on a commencé à aimer une femme dans l'infériorité? Une mère est pour sa fille l'objet le plus aimé et le plus détesté, tout simplement parce que prête à tout pour sa fille, elle juge à sa place de ce qui doit la rendre heureuse et la prive ainsi de toute autonomie concernant ses désirs propres.

Seul le père représente celui qui aime la fille comme elle *est*, c'est-à-dire différente de lui, et peut l'aimer d'un amour qui n'attend pas de « recommencement ». Car sa fille ne peut que le compléter mais pas le « suppléer » dans sa vie d'homme : la fille, pour un homme, c'est ce qu'il n'est pas, c'est celle dont il ne connaît pas les chemins, ne les ayant pas vécus. Du côté des conditions à poser pour être femme, lui n'en posera aucune. *L'amour œdipien du père, c'est pour la fille l'assurance d'être libre, d'être ce qu'elle « est » maintenant.* C'est un amour narcissisant qui permet d'être « O.K. » avec soi-même.

Il est bien évident que, du côté de la mère, il en va tout autrement. Son amour ne pouvant être dénué de « rêve identificatoire », elle donne à sa fille une place qui n'est autre que celle qu'elle aurait souhaitée pour elle-même. Ce faisant, elle occupe l'avenir de son enfant, lui bouchant tout horizon hors de l'attente maternelle. Cela est si vrai que cent femmes adultes réunies autour de moi pour parler de leur relation à leurs mères ont fini par conclure après cent histoires bien différentes : « De toute façon notre mère, elle nous a enfermées dès le départ. »

Comment enferme-t-on un enfant psychologiquement sinon en lui prêtant des fantasmes qui ne sont pas les siens ? Ces femmes, dont certaines avaient de délicieuses mamans et d'autres d'horribles mégères, avaient toutes souffert du même mal : *leur mère les avait enfermées dans une histoire qui n'était pas la leur.*

L'insatisfaction de la mère quand elle était petite se rejoue sur sa fille, mais tant que les mères n'auront pas compris que c'est de père qu'elles ont manqué et que c'est de père qu'ont besoin leurs filles, le cycle infernal se répétera d'une mère à sa fille, de sa fille à sa petite-fille. *Une femme demandera à celle qu'elle a engendrée de vivre ce qui lui a manqué à elle-même :* la satisfaction de soi due à l'Œdipe. Les mères ignorent, semble-t-il, que la satisfaction de soi (ou narcissisme) nous vient de l'Œdipe avec le parent de sexe opposé.

Le narcissisme vient en effet du parent qui, étant de l'autre sexe, ne se revoit pas dans l'enfant et n'attend pas de lui qu'il soit ce qu'il n'a pas été lui-même. Les sentiments d'identification à l'enfant se trouvent par contre aussi bien entre père et fils qu'entre mère et fille, et font partie de l'amour parental : le parent de même sexe que l'enfant se met facilement à la place de l'enfant, et le charge ainsi d'un passé qui n'est pas le sien. C'est pourquoi tout enfant a besoin que l'autre parent œdipien, de sexe différent, intervienne *a contrario* et l'entraîne vers les chemins de l'avenir. Le parent de même sexe est celui sur lequel va se jouer ou se refuser l'identification, et il semble que les filles aient quelques problèmes avec le modèle maternel, beaucoup trop présent dans leur vie.

Dans l'enquête sur les adolescents, déjà citée, 95 % des filles souhaitent ne pas ressembler à leur mère, contre seulement 50 % des garçons qui ne veulent pas ressembler à leur père. Est-ce le résultat de cette longue période pré-œdipienne où la fille n'a pu prendre aucune distance avec le désir identificatoire de la mère ? Les filles sont presque toujours élevées par les mères, tout le monde pensant que c'est plus naturel ainsi, mais a-t-on jamais pensé de même pour les garçons, et les a-t-on jamais fait vivre leurs trois premières années en compagnie des pères ? On aurait pu voir alors l'écrasement des fils sous le poids des souhaits des pères. Mais les garçons vivent depuis toujours leur première enfance avec le parent le moins contraignant pour leur identification. Une mère ne peut pas se mettre à la place de son fils, ni habiter son avenir comme elle le fait avec sa fille.

La fille ne peut échapper aux rêves de sa mère que dans les bras de son père qui l'aime parce que différente : elle *est* pour lui une vraie femme. Pour une fille, l'amour d'un père est salvateur parce que c'est un amour qui n'attend rien d'autre que ce qui est. Le père peut sauver l'enfant-fille de la prison maternelle... Que disent celles que le père n'a pas aidées?

« Mon père, il m'a abandonnée aux griffes de ma mère... »

« Je pense que ça devait arranger ma mère que notre père ne nous aime pas... Ainsi elle l'avait pour elle toute seule. »

Ainsi séparée du père par une mère accaparante, la petite fille rêvera de prince charmant, faute d'avoir un père charmeur. Le changement d'objet de la mère au père a lieu fantasmatiquement dès trois ou quatre ans, âge où nos jeunes enfants se passionnent pour les contes qui racontent toujours les mêmes histoires.

Nous savons que les contes jouent un grand rôle dans l'enfance car ils viennent compenser ce qui ne peut se vivre réellement. Et le goût des petites filles pour les contes, puis des femmes pour les romans, prouve qu'il y a un manque paternel dans la vie féminine et qu'au lieu de traiter les femmes d'insatisfaites, il vaudrait mieux étudier d'où vient cette insatisfaction : on ne mettrait pas longtemps à voir qu'elle est issue de la frustration de ne pas avoir eu de père, et qu'elle engendre l'idéalisation de l'homme, mettant celui-ci à une place de super-adulte qu'il ne pourra pas longtemps tenir.

Heureusement, l'école va intervenir comme cassure d'une relation trop singulière entre mère et fille, et la rencontre d'autres petites filles va représenter l'ouverture vers la véritable homosensualité jamais éprouvée entre mère et fille à cause de la différence de leurs corps.

Ces petites filles ont le même corps et s'éprouvent comme la norme de leur âge, cessant de viser la féminité de la mère. Enfin rassurées du côté du corps, les petites filles vont se montrer très intéressées par le savoir qui leur permet de dominer leur petit monde jusque-là dominé par la mère. Elles seront d'excellentes élèves dans la mesure où leur mère acceptera ce transfert de comparaison et d'affection en faveur d'autres qu'elle-même.

Mais attention, à l'adolescence elles risquent d'être à nouveau perturbées quand leur corps devenant celui d'une femme, la question d'être « comme » la mère se posera à nouveau...

La puberté arrivera comme un coup de tonnerre dans un ciel bleu. En effet, on aurait pu croire les problèmes de la mère et de la fille résorbés quand, tout à coup, la métamorphose du corps vient rappeler brutalement à la fillette que son corps va devenir semblable à celui de sa mère, ce corps qu'elle a tant envié, ce comportement qu'elle a tant imité. On pourrait croire qu'elle va être heureuse de les faire siens... Eh bien non ! Car depuis des années la fillette s'est occupée à refouler ses problèmes d'infériorité corporelle et d'exigences maternelles. Elle s'est réfugiée dans la sublimation : l'école et les amitiés avec les filles lui ont fait oublier l'opposition à la mère.

C'est d'ailleurs le désir de la mère de voir sa fille devenir enfin comme elle qui va raviver chez celle-ci, au moment de la puberté, l'opposition secrète contre une mère qui ne peut, une fois de plus, éviter de se réjouir de cette métamorphose. L'adolescente va rechercher et cultiver les amitiés avec les filles de son âge, ne voulant plus de face à face avec une mère par qui elle a toujours craint d'être envahie.

C'est dans l'homosensualité avec les filles de son âge qu'elle éprouvera à l'adolescence le sentiment rassurant d'être et de vouloir être comme les autres. Rien de plus sauvagement grégaire que les adolescentes qui se retrouvent enfin comme « semblables » de corps et aussi de cœur... Les premières amours des filles sont donc des amours homosensuelles et parfois homosexuelles, tant le besoin d'identité est fort en compensation de l'inégalité ressentie avec la mère autrefois. Cette homosensualité restera toujours très marquée chez les femmes, bien que leur sororité reste toujours gênée par la comparaison inconsciemment éprouvée avec la mère pré-œdipienne.

C'est le besoin de quitter cette rivalité inconsciente qui oriente enfin la fille vers le garçon qui va faire d'elle une femme « unique ». La demande de la fille n'est-elle pas : « Dis-moi que je suis mieux que toutes les autres »[1]? Le garçon répond parfaitement à cette question ou n'y répond pas du tout, n'en comprenant pas la nécessité ou n'ayant pas les mots qui conviendraient, mais ce souci de dépasser les autres fait partie des composantes de l'amoureuse qui a toujours peur d'être dépassée et détrônée par une plus belle qu'elle. Nous retrouvons là la trace de la mère qui occupa si longtemps la place de sa fille en vivant à travers elle ses propres fantasmes. Les contes pour enfants sont pleins de marâtres, et les romans de gare pleins d'orphelines... Les femmes se retrouveraient-elles dans les deux? La figure inconsciente maternelle serait-elle toujours celle d'une mauvaise mère? Et n'y a-t-il pas un parallèle étrange entre ces deux paroles de femmes?

« Ma mère, elle m'a voulue pour elle toute seule, elle m'a privée de mon père, c'est comme si c'était chasse gardée... »

« Cette femme, elle m'a tuée en me prenant mon mari, c'est à elle que j'en veux, de quel droit s'approprie-t-elle mon mari? »

La femme qui « perd » son amour n'en veut,

1. Christiane Olivier, *La Psychafamille*, Carrère, 1988.

curieusement, jamais à l'homme mais à la femme, comme si l'homme était incapable d'ignominies... L'autre femme est toujours crainte comme plus séductrice, elle l'a « entortillé », elle l'a « eu », comme si l'homme n'était qu'un objet à se disputer entre femmes... Curieuse mentalité qui fait voir clairement que l'image d'une mère toute-puissante (ou d'une marâtre) est bien inscrite au fond du cœur des femmes, alors que l'image du père, inscrite au cours de cette guerre œdipienne, n'est jamais que celle d'un objet à conquérir, à conserver...

Cette guerre œdipienne avec la mère va laisser chez les femmes une certaine forme de misogynie, sentiment que l'on croit le plus souvent réservé aux hommes mais qui existe également chez les femmes. De sorte que *le sexe féminin, pour avoir occupé la première place dans l'enfance de l'être humain, se retrouve être le dernier dans l'échelle des valeurs et des pouvoirs...*

Pendant ce temps, l'homme, qui s'est soigneusement tenu hors de la situation, n'est l'objet d'aucun ressentiment mais n'occupe que la place de « l'absent », n'ayant droit qu'à de l'indifférence ou de l'idéalisation. La petite fille ne peut pas aller bien loin dans ses rêves de future femme de papa... Et elle investit d'autant plus l'homme à venir, qu'elle l'imagine revêtu de toutes les qualités dont son père a manqué avec elle : tendresse, reconnaissance d'elle-même, paroles, etc. Là, dans ses bras, elle s'imagine enfin « petite », « confiante », « rassurée ». Il faudrait bien des qualités à un homme pour correspondre au fantasme amoureux de la femme, et ces qualités, pour la plupart affectives, ne sont pas spécialement le propre de l'homme d'après ce que nous avons vu lors de la résolution œdipienne masculine... C'est pourquoi ce sont les femmes qui sont les plus insatisfaites dans la vie conjugale, dont elles attendaient tout. Et ce sont elles qui, dans la plupart des cas, demandent le divorce pour incompatibilité de caractère, sans se rendre compte qu'elles ont demandé à cet homme d'être aussi une femme! Chose impossible pour un homme qui a vécu essentiellement avec une mère!

Comme le dit A. Green, la fille est bien vouée au changement d'objet affectif puisque le premier objet proposé, la mère, ne peut que la faire vivre dans le pré-Œdipe, c'est-à-dire dans l'insatisfaction d'une homosensualité dont la difficulté réside dans la différence des corps, doublée de l'inquiétude de ne pas trouver de place autre que celle définie à l'avance par la mère :

« A travers moi, elle a voulu se faire reconnaître... Il fallait que je fasse des études parce qu'elle n'en avait pas fait », me dit une patiente.

Si Freud n'a pas compris pourquoi, « quand et comment la petite fille se détache de sa mère », nous voyons bien que c'est parce que la mère ne peut être satisfaisante pour sa fille, ni sur le plan du corps, ni sur le plan de l'identité... que la fille, dès qu'elle en a les moyens, se tourne vers le père indifférent jusque-là, pour le séduire et obtenir de lui ce qu'elle n'a pas obtenu de la mère : une place sans conditions.

Une petite fille de trois ans peut-elle être plus heureuse que lorsqu'elle donne la main à son père dans la rue pour faire des courses, le dimanche matin, avec lui? Il faudrait, elle voudrait que ce soit toujours dimanche! Et elle a raison, car c'est le seul jour où son papa a le temps de flâner avec elle, et où elle se sent enfin une « vraie petite femme », aux côtés d'un homme qui reconnaît sa différence... Ce qui est extraordinaire, c'est que le parent œdipien n'a besoin de rien dire, sa seule présence auprès de l'enfant suffit à manifester que la différence est intéressante à vivre, et fortifie donc l'identité de l'enfant mille fois plus que la comparaison impossible avec le parent de même sexe.

Seulement voilà, il faut avoir le courage de penser sans se croire incestueux : « J'aime ma fille », car jusqu'à présent, seules les femmes avaient le droit à de telles pensées, effectivement incestueuses, mais qui ne restent qu'à l'état de pensée quand les parents vont bien et vivent leur sexualité dans leur couple.

Le viol des filles par les pères, qui hante les esprits, n'a lieu que lorsque le père, resté inconsciemment immature, n'a pas trouvé en sa femme une partenaire aussi immature. Il rêve alors de sexualité avec des enfants et pourquoi pas avec sa fille ? C'est plus facile qu'aller séduire une petite fille dans la rue ! C'est moins dangereux et tellement plus naturel, semble-t-il. Ça n'est jamais que la preuve d'un grand amour entre père et fille... Et puis cet homme-là sait qu'il peut jouer sur la culpabilité et le silence de la petite fille, qui ne veut pas déshonorer sa mère en occupant sa place. Il joue aussi sur la terreur qu'elle a de perdre ce père qui, de toute évidence, fait des choses interdites puisqu'il les fait toujours en cachette de la mère. La petite fille connaît bien ce sentiment et jure de ne pas dénoncer les faits à la mère toute-puissante. Le père incestueux se comporte non comme un adulte, mais comme un homme malheureux auquel aucun enfant ne peut résister.

Ainsi s'organise le silence autour d'actes répréhensibles qui font passer l'enfant du rôle de fille au rôle de mère : justement ce qu'elle enviait à sa mère dans ses fantasmes, mais ça n'était que fantasmes...

Et la réalisation de la chose apparaît comme terrorisante à l'enfant qui, sur-le-champ, « perd » son père qui ne fait plus figure d'adulte rassurant mais d'homme dangereux. La fille perd aussi sa mère en prenant sa place sans le lui dire, et, si petite et si grande tout à coup, elle devient « orpheline » et « seule » au sein de sa propre famille, ne faisant plus confiance à aucun adulte de cette famille pour la comprendre.

Ceci pour expliquer que le contexte du père violeur est bien particulier et ne s'applique pas à tout homme, comme certaines mères le croient. Si le père qui s'occupe de sa fille se sent ému de sa nudité, ce n'est pas un désir de viol qu'il éprouve, mais la surprise et le plaisir hétérosensuel de voir l'autre sexe. Au reste, ce plaisir fait toujours partie de l'Œdipe et conforte un besoin de complétude du corps qui s'allie au sentiment naturel de protection paternelle vis-à-vis de l'enfant.

Les pères violeurs n'ont jamais été des pères paternants et ne se sont pas intéressés au corps du bébé. Ils figurent comme premiers étrangers et c'est à ce titre que l'idée peut leur venir d'un rapport sexuel avec leur propre enfant dont le corps leur est inconnu.

La plupart des pères ne se contentent-ils pas de remettre, le jour de son mariage, leur fille bien-aimée aux mains de l'autre homme qui va la rendre heureuse? Et n'en est-il pas de même pour les mères et les fils?

L'inceste flotte toujours dans l'air, mais, du fait que nos sociétés sont fondées sur l'exogamie, nous avons établi un tabou qui interdit toute alliance sexuelle entre les membres d'une même famille. C'est cette loi qui fait des parents, hommes et femmes, des êtres dont le désir est *barré pour ce qui est de leurs propres enfants.* Cela ne veut pas dire qu'il n'y a pas de désir..., mais qu'il ne se réalisera pas. C'est de là que jaillit, dans la tête de l'enfant, l'idée d'épouser un autre que son parent... Et que s'ouvre l'horizon du désir pour tous les autres partenaires extra-familiaux.

De même que l'Œdipe est parfois dangereux pour le garçon, mais toujours fortifiant parce que narcissisant, il peut être dangereux pour une minorité de filles, mais fortifiant pour la majorité dont il renforce l'identité par le biais de l'hétérosexualité.

Il est évident que la relation d'amour avec le parent de sexe opposé, première relation amoureuse sublimée, figure au rang des amours inoubliables, et évite à l'individu de transporter des fantasmes infantiles inassouvis sur un amour d'adulte qui serait alors une « passion » digne des héros de romans et non de partenaires réels sur lesquels se fonde la famille. Actuellement, les femmes qui fantasment le plus sur le couple, et n'y trouvent pas ce qu'elles attendaient depuis leur plus jeune âge, sont celles qui n'ont rien vécu « d'émotionnel » avec leur père et transfèrent leur soif d'amour de la mère à l'amant, dont aucun ne résiste à une telle demande... Alors les femmes les quittent, car les hommes, elles les veulent passionnés d'abord... comme aurait dû être leur relation à leur père.

Et que cherchent-elles dans les journaux féminins? De quoi leur parle-t-on?... De passion, de séduction, de princes charmants... De tout ce que les petites filles n'ont pas trouvé auprès de leur père et dont, adultes, elles rêvent toujours... Qui lit tous ces romans Harlequin dont la structure (un peu comme dans le théâtre de Sophocle) est toujours la même : une jeune fille orpheline ou abandonnée vivant une dure vie de subalterne est « remarquée » par un homme plus âgé, riche et puissant, qui va faire d'elle une « vraie » femme?

Combien de patientes m'ont raconté s'être mariées très jeunes pour quitter la mère, le regard de la mère, les souhaits de la mère, et se retrouver libres aux côtés d'un homme dont elles n'avaient même pas su si elles étaient aimées... Elles avaient tout rêvé, tout arrangé pour que ça arrive, que ça se fasse, qu'elles partent enfin! Et parfois le rêve est de courte durée, mais l'analyse du désastre dure des années, des années pendant lesquelles on refuse de croire que l'on a agi contre la mère au lieu d'agir pour soi. C'est si difficile d'admettre que l'inconscient a tout dirigé depuis l'enfance jusqu'à aujourd'hui... Et que depuis trop longtemps l'homme manquait entre l'enfant et sa mère.

Parfois, certaines jeunes femmes de trente ou trente-cinq ans, déçues d'un premier mariage avec un homme de leur âge, trouvent merveilleux de se jeter dans les bras d'un homme de soixante ans qui pourrait être leur père, et avec lequel elles vont vivre le plus grand des amours, et certainement le plus parfait sur le plan de l'inconscient : elles épousent un père! Mais, sur le plan social, c'est souvent le plus imparfait des mariages car il oblige l'un et l'autre partenaire à vivre hors de leur âge et hors de leur génération : seuls les fantasmes sont à leur apogée... Ces passions sont souvent interrompues par la mort du mari-père qui laisse derrière lui une femme dont le cœur porte le deuil d'un père et qui refusera tout autre mariage à l'avenir.

L'homme qui épouse une femme bien plus jeune que lui est en général « flatté », et il en a bien besoin sans doute, car nous pouvons deviner qu'il n'est pas sûr de son égalité avec la femme et lui préfère la domination vis-à-vis d'une très jeune femme, voire d'une jeune fille.

Ce couple d'un homme mûr et d'une très jeune femme se rencontre de plus en plus fréquemment et, n'étant pas comme du temps de Molière une affaire d'intérêt, il est le résultat inconscient du choix d'un homme élevé par une mère imprégnée de la peur de la femme, et d'une femme élevée également par une mère et qui cherche toujours son père ! Voilà le résultat de l'éducation par les femmes : tout le monde fuit la femme mûre ou intelligente qui rappelle le règne de la mère.

Revenons à la femme le plus souvent rencontrée, celle qui va rester avec un mari qui n'est ni un prince charmant, ni un sexagénaire respectueux, ni un amoureux transi, mais un homme l'aimant. A ceci près que, estimant qu'il a mieux à faire que de passer son temps à énumérer les charmes de son épouse, il la maintient inconsciemment dans une pénurie affective alors en souvenir de sa mère à lui... La femme songe alors à combler son « vide » de tendresse par la présence d'un enfant, d'abord dans son ventre, puis dans ses bras et pour longtemps dans ses jambes... Cette femme décide qu'elle ne sera plus jamais seule, qu'elle aura un enfant à qui elle va s'attacher avec toute la force de l'Œdipe si c'est un garçon, et avec toute la force de l'identification si c'est une fille. Ainsi elle renonce à trouver chez l'homme un amour suffisant et retourne à la violence des amours infantiles qu'elle va vivre, côté mère cette fois-ci. Savez-vous qu'en Chine on appelle « complète » une femme qui a eu un garçon ? Je vous laisse deviner le rêve de la plupart des femmes qui ont manqué de père !

C'est à ce moment de sa vie qu'elle découvre enfin l'homosensualité avec sa propre mère, car elle devine enfin les chemins de sa mère à la veille de refuser de comprendre ceux de sa fille... Ces deux femmes se retrouvent, avec vingt ans d'écart, identiques : n'ayant jamais pu réparer le « vide » créé par le silence du père ou du mari, elles se tournent vers l'enfant dont elles espèrent bien qu'il ne saura pas vivre sans elles, d'où leur acharnement dans la lutte pour garder la première place auprès de lui, quitte à en écarter le père lui-même. N'ayant pas pu être femme autant qu'elles le souhaitaient, elles prétendent être mère autant qu'il leur plaît... C'est ce que nous allons étudier dans le chapitre suivant.

Chapitre V

LE PÈRE EMPÊCHÉ

Pourquoi ce père si important dans la vie de son fils et de sa fille n'occupe-t-il pas une place autre que celle de remplaçant de la mère? Pourquoi ne prend-il pas lui aussi un congé paternité de quelques mois comme le fait sa femme, ou n'a-t-il pas droit à des horaires aménagés pour « nouveau père » avec octroi d'allocations pour baisse de salaire?

Si les pères n'ont rien obtenu de tout cela, c'est parce qu'ils n'ont rien demandé. Jusqu'au moment où la femme le quitte, emmenant avec elle les enfants, le père ne *croit pas* à son utilité affective; il ne prend de cet enfant que ce que sa femme veut bien lui en accorder : l'homme ne respecte rien autant que la mère, et les grands défenseurs des mères ont toujours été des hommes! Ce sont des hommes politiques qui proposent aux femmes des congés, des salaires ou des primes pour s'occuper des enfants à la maison! Depuis dix ans, régulièrement, les hommes politiques (de droite) se relaient pour demander cette attribution de l'enfant à la mère et ce service maternel de la part des femmes. Récemment, regardant la télévision, j'y ai entendu par deux fois dans la journée la même proposition

149

d'un salaire maternel venant de M. Le Pen [1] le matin et le soir de M. Balladur [2]... Evidemment, ces hommes-là ne pensent pas seulement au bien-être des enfants, et ils voient dans cette mesure le moyen de ramener une partie des demandeuses d'emploi à la maison !

En tant que psychanalyste, je ne peux éviter de mesurer les conséquences attachées à la disparition des pères et à la surprésence des mères, et de penser qu'il ne suffit pas d'être strictement économiste et de viser à réduire le chômage de moitié en payant les femmes pour rester à la maison... Il faut aussi connaître un minimum de psychologie et savoir que de tels projets font des enfants la chose des femmes, et de leur éducation l'objet des mères. Et de l'inconscient de l'une l'ennemi de tous... Tout ce que nous avons découvert ici, au fil des pages, devrait être connu de ceux qui nous gouvernent : le moteur de la misogynie est l'éducation du jeune enfant par les femmes. L'Œdipe maternel prolongé avec le garçon déclenche la misogynie des hommes ; et le rêve maternel portant sur les filles empêche celles-ci de vivre leur désir personnel : elles sont ainsi cantonnées, pour ce qui est de leur identité, dans la prison du désir des autres, dépendantes d'abord de leur mère, puis de leur mari, enfermées à tout jamais dans la séduction et l'hystérie comme mode d'existence...

Il est évident qu'une psychanalyste ne peut rester indifférente aux mesures prises par l'État en ce qui concerne la place de l'enfant dans la vie sociale des parents, *puisque c'est de cette place que va dépendre la possibilité de nouer avec l'un des parents ou les deux une relation inconsciente qui se situe à l'origine*

1. *L'Heure de vérité* avec Jean-Marie Le Pen, 31 janvier 1993.
2. *7 sur 7* avec Edouard Balladur, 31 janvier 1993.

de la vie, et sera à l'image de toute autre relation affective à venir.

Nous commençons à peine à nous rendre compte que c'est à partir de 1970, au moment où l'enfant a fait l'objet des revendications et des lois féministes, qu'est apparue la première génération sans père.

En donnant toute la place au seul désir de la mère, nous avons fait de ces enfants d'éternels babas cool refusant le combat de la vie, ou au contraire des êtres violents et vindicatifs cherchant toujours la confrontation avec une autre autorité que celle de la mère.

Ce que vivent nos enfants, nous n'avons pas fini de le comprendre, et j'ai décidé pour ma part de vous parler de leur besoin de père.

Le père empêché par la mère

Si le père a pu abandonner ainsi son enfant, c'est bien parce qu'il le laissait aux mains de la mère et qu'il pensait bien faire en agissant ainsi. La mère ne se présentait-elle pas comme la principale responsable et celle à qui on avait donné le feu vert pour la conception depuis la légalisation de la contraception et de l'IVG?

Et, depuis les premiers mois de grossesse jusqu'à l'accouchement, l'enfant n'apparaît-il pas comme le privilège de la femme? A sa naissance, y a-t-il un seul homme qui ne pense que la femme a déjà, en tant que mère, une prééminence bien naturelle sur le père, qui ne connaît rien de cet enfant et n'a rien de ce qu'il faut pour lui donner à téter?

Ainsi la femme s'installe dans la position d'être indispensable à l'enfant, et son mari, si phallocrate soit-il, est bien obligé de reconnaître sa place de mère. De cette place gagnée à la naissance de l'enfant, la femme va faire un bastion inattaquable, dont elle écartera dans bien des cas le père lui-même. La réponse la plus facile pour refuser quelque chose est en général la toute petite phrase prononcée doucement : « Tu crois qu'avec les enfants ça sera possible ? » Ou plus colorée : « Tu me dis ça à moi, la mère des enfants ! » Elle tient là une arme devant laquelle tout homme baisse la garde.

Certaines vont plus loin, faisant des enfants leur cause principale à laquelle elles sont prêtes à sacrifier beaucoup. « Avec tout ce que j'ai fait pour toi », n'hésitent pas à dire certaines mères à leurs enfants surpris...

Car l'enfant pense que tout ce qu'elle a fait pour lui, ça lui plaisait à elle, et c'est lui qui est dans le vrai, car de son sacrifice pour l'enfant n'attendait-elle pas amour et reconnaissance ? Autrement dit, l'enfant a très bien saisi qu'il était « lui » la « justification » de sa mère, et c'est au nom de ce besoin qu'elle a d'être justifiée en tant que bonne mère qu'il va se permettre d'outrepasser sa demande.

Si nous voulons comprendre l'extrême importance de l'enfant pour la femme, qui la rend aveugle parfois aux conditions dans lesquelles elle le conçoit, il nous faut retourner à la petite fille qu'elle a été dans le face à face avec sa mère où elle s'est vue dépourvue de ce féminin qu'avait la mère : le pubis pileux, la poitrine dont elle apprend rapidement que la fonction est de nourrir les bébés. Par la suite, tout le monde s'y met pour lui faire oublier ses insuffisances de petite fille : on lui donne force poupons et poupées, table de change, biberons, etc., avec lesquels elle est censée faire « comme si » elle était une maman. Et toute la famille joue avec elle, se prêtant à cette comédie dont on pense qu'elle la rassure en lui prouvant qu'elle est bien faite pour s'occuper des bébés plus tard. Pendant des années, elle jouera ainsi à la mère en attendant secrètement d'en être vraiment une.

La grossesse est toujours prise dans l'économie inconsciente de la femme comme *preuve d'identité féminine* : par l'enfant elle devient enfin comparable aux autres femmes (dont sa propre mère). Ce que, petite, la fille n'a pas pu faire avec sa mère, la femme adulte le peut enfin : elle sera une femme comme les autres femmes. L'homme connaît bien ce besoin féminin.

C'est pourquoi celles qui ne peuvent pas avoir d'enfants sont si terriblement inquiètes à l'idée d'être différentes (encore) des autres, c'est pourquoi certaines amoureuses se paient le luxe de débuter une grossesse qu'elles ne pourront pas continuer et qui se terminera par une IVG, tout cela de façon apparemment fortuite. Mais il n'est pas du tout fortuit d'oublier la pilule ou le préservatif ou de dire à cet homme qui ne demande qu'à le croire qu'on est sous contraception... Et la femme vole parfois un enfant à un homme qui ne souhaitait pas être père, et ne voudrait pas non plus qu'à cause de lui existe quelque part un enfant sans papa... un enfant pas comme les autres.

Beaucoup de femmes ne désirant pas s'encombrer d'un père dont elles n'ont pas saisi l'utilité, ni d'un homme dont elles ont parfaitement compris le poids, préfèrent se sauver sur la pointe des pieds avec leur enfant... qui n'aura pas de père! En tout cas, pas celui-là.

Elles auront un enfant rien que pour elles! C'est le monde à l'envers. Il y a une vingtaine d'années seulement, c'est l'homme qui imposait sa loi et son désir d'enfant à une femme, maintenant c'est la femme qui décide et l'homme qui suit ou ne peut même pas suivre son enfant, tant la femme a de moyens de l'en empêcher.

Cette décision unilatérale de la femme tient à son désir d'essayer l'ultime jouissance féminine, celle de vivre en symbiose avec un autre être humain, niché au milieu de soi. C'est très difficile de se refuser ce plaisir-là, cette preuve-là, cette chance unique de tourner le dos à la solitude humaine. Surtout si on n'a jamais rencontré l'amour! Là, on se dit qu'il y sera sûrement, on l'aimera tellement cet enfant! Ceci n'apparaît-il pas comme l'essentiel? Pense-t-elle à la difficulté d'avoir à lui répondre un jour: « Tu es l'enfant de mon seul désir, l'autre [le père] ne valait pas la peine que tu le connaisses. » L'enfant va-t-il comprendre cet illogisme? « Tu n'es que *mon* enfant, bien que nous t'ayons fait à deux? » Vaut-il mieux parler alors de « père enfui », de père « qui ne voulait pas être père », de « père incapable d'aimer [1] »?

Toute réponse va entraîner chez l'enfant une dévalorisation du géniteur donc d'une partie de l'enfant lui-même venu d'un père qui ne l'a pas jugé assez important pour rester et l'aimer.

Et que font ces enfants devenus grands sinon chercher par tous les moyens à savoir qui est leur père, s'ils auraient pu « être aimés » de lui, si la mère ne l'avait pas interdit.

Dans le fait de vouloir un enfant toute seule la femme cède au désir inconscient d'être tout à fait femme et, dans le refus de l'homme qu'elle exprime, soit avant, soit après la naissance de l'enfant (75 % des divorces sont demandés par la femme [1]!), elle refuse celui qui n'a pas correspondu à son rêve d'homme, à son prince charmant, à celui qui devait faire mieux que le père.

A travers l'enfant, la femme semble vouloir régler les deux problèmes de son enfance : *la disparité corporelle d'avec la mère et l'inattention dont elle fut*

1. Evelyne Sullerot, *op. cit.*, p. 108.

l'objet de la part du père... Ceci l'amène à vivre seule avec son enfant, ayant jeté le père géniteur aux orties.

L'enfant pourra-t-il suivre cette mère dans ses différents essais de réparation de sa propre enfance? Surtout, rejettera-t-il aisément celui dont il est issu et partagera-t-il avec sa mère la déception d'un père à peine entrevu? Et, à partir de là, ne fera-t-il que rêver son père, le plaindre ou souhaiter aller vivre avec lui? Chose qui ne lui sera permise qu'à partir de l'âge de treize ans, puisque les tribunaux attribuent régulièrement les enfants en bas âge aux mères. Si les femmes divorcent aussi facilement c'est parce qu'elles sont assurées d'une chose : on ne les séparera pas de leurs enfants!

C'est ce qui paraît être la vengeance des femmes vis-à-vis d'hommes qui, pendant des millénaires, leur ont interdit tout choix et toute liberté aussi bien sur le plan sexuel que sur le plan maternel. Depuis le féminisme, les femmes sont devenues les chefs de la famille, et il ne semble pas qu'elles soient encore prêtes à remettre ce nouveau pouvoir en question. Même si l'homme continue à gagner partout sur le plan social, les femmes ont conquis et occupent tout le terrain de l'éducation de l'enfant. Les assistantes sociales soutiennent les avocates qui ont l'oreille des femmes-juges : on a l'impression d'un énorme trust féminin qui se met en route dès qu'on parle d'un enfant quelque part...

Evelyne Sullerot, dans l'émission *Français, si vous parliez* du 5 janvier 1993, a cité le chiffre de 2,5 millions d'enfants vivant sans père en France. C'est un chiffre énorme qui prouve un véritable mouvement de société en faveur d'une monoparentalité féminine : la mère devient père-mère, ce que l'homme craint tellement de devenir... Pour ce qui est des pères, s'ils veulent être acceptés comme pères valables, ils n'ont qu'à bien se tenir et surtout plaire à la mère qui est l'entière détentrice du pouvoir familial. C'est le renversement des pouvoirs à l'intérieur de la famille.

« La paternité, désormais, dépend entièrement de la mère, de sa volonté propre et des rapports qu'elle a avec le père [1]. »

Tant que le couple fonctionne, cela ne se remarque pas, bien que ce soit la mère qui ait interrompu son travail pendant huit semaines et plus fréquemment pendant douze. Prenant de son côté l'avantage de vivre seule avec l'enfant et d'enclencher un phénomène de symbiose et d'attachement qui « omettra » le père, c'est encore elle qui tâchera de rogner sur ses heures de travail ou qui devra trouver quelqu'un pour aller chercher l'enfant à la crèche à 17 heures (car là non plus, rien n'est étudié pour l'enfant, mais tout est prévu en fonction du salaire des employés de crèche) et pour le garder le mercredi... Avoir un enfant ne change pas grand-chose à la vie métro-boulot-dodo de l'homme, mais transforme celle de la femme en bébé-boulet-congé : la mère est plus préoccupée par le bébé dont elle a accepté l'arrivée et la charge, que par son métier, et elle s'arrêterait bien volontiers de travailler tant sa vie est devenue une course après la montre. S'il y a un deuxième enfant, c'est pire, et s'il y en a un troisième, elle renonce quasi systématiquement à sa vie professionnelle, courant tous les risques de ne pas retrouver de place quand elle voudra revenir.

Donc, allez-vous dire, cette femme a bien mérité ce lien unique qui existe entre elle et l'enfant, elle a fait pour cet enfant bien plus que n'a fait le père ! Elle n'a pas œuvré en vain : son enfant l'aime à vie, tandis que son mari... C'est tout autre chose... Bien sûr qu'il a mis la main à la pâte, fait la vaisselle, les

---

1. *Ibid.*, p. 114.

courses, donné le biberon accidentellement, mais jamais il n'a sacrifié une heure de sa profession pour ce petit-là.

Il est évident qu'au moment du divorce, tout le monde va le reconnaître : la femme a sacrifié sa vie professionnelle pour gagner l'amour d'un enfant, l'homme n'a rien sacrifié du tout, son enfant ne l'aime que relativement à la mère, le père, n'en ayant pas l'habitude, n'aura pas le courage d'en demander la garde... Lui, il a monté les échelons de sa profession et le tribunal donnera la garde de l'enfant à la femme parce qu'elle est la mère, et « condamnera » le père à payer une pension pour l'enfant. Horrible conclusion de la paternité : « Monsieur Dupont est condamné », comme s'il avait été malhonnête, comme s'il avait commis un délit. En un seul mot, on lui résume clairement en effet qu'il a causé, par son manque de coopération parentale, un dommage à sa femme et à son enfant, et les dommages ça se règle toujours avec de l'argent.

On lui dit : « Puisque vous n'avez rien su faire auprès de cet enfant, jusqu'à ce jour, que gagner de l'argent pour lui, vous êtes " condamné " à continuer. » Et c'est là que le père se sent tout à coup « berné » par cette femme : il va payer pour qu'elle « profite » de l'enfant ; et lui, quand en profitera-t-il ? Et, tout à coup, le père réalise que « profiter » d'un enfant c'est partager les instants de sa vie, ce qu'il n'a jamais cherché à faire ! Alors, brusquement, il va se battre pour vivre avec cet enfant, plus d'un week-end sur deux et plus de la moitié des vacances ! Ce qui a été injuste entre eux à propos de l'enfant va le rester toute leur vie, de façon criante : il a pris soin de subvenir à ses besoins matériels, elle a pris soin de correspondre à ses besoins d'amour et de communication. La différence est maintenant devenue énorme entre eux, et vaut bien d'entamer une guerre entre père et mère : il y a vraiment injustice ! C'est le commencement des tiraillements, des enquêtes, des avocats... Et tout ça dérange l'enfant qui ne peut plus être l'enfant de deux ennemis : sa logique s'effondre – comment deux haines pareilles peuvent-elles habiter ensemble en lui ? Il est très perturbé, muet sur elle quand il est avec lui, et muet sur lui quand il est avec elle : l'enfer pour un enfant, c'est ce moment où il se sent l'enjeu, la cause, l'objet de toutes ces disputes entre adultes. Il voudrait n'être jamais né là ! Mais quelque chose de viscéral l'attache quand même à eux, surtout à sa mère, son premier, son seul objet d'amour pendant longtemps, alors il a envie de retourner en arrière, de régresser, de redevenir petit, et l'école ne l'intéresse plus. Il bâcle, il pleure, il rêve qu'un jour « ils » se remettront ensemble et que, lui aussi, il sera enfin remis ensemble, recollé à tout jamais...

Le divorce d'avec une partie de soi-même, tel est le dur chemin de l'enfant pendant que ses parents s'injurient, se brutalisent et enfin se séparent... Mais l'enfant y a perdu un père. Il vaut mieux en fin de compte, car son père, comment aurait-il fait avec lui ? Alors qu'avec maman, il sait comment ça se passe, ils se connaissent bien tous les deux... Et, peu à peu, l'idée de vivre avec papa s'estompe, on s'habitue à tout. Regardant récemment à la télévision une émission sur « les pères divorcés en colère [1] », j'étais horrifiée de voir un petit bonhomme de sept ans environ, interviewé sur son père, répondant froidement à l'interlocutrice : « Papa ? Je l'aime pas, je l'aime plus. » Affreuse affirmation dans la bouche d'un si jeune enfant, dont la mère aurait dû être consciente que ses propres ressentiments à l'égard du père passaient dans l'âme de son fils... C'est

---

1. « Les pères divorcés en colère », *52 à la Une*, TF1, mai 1993.

comme ça l'inconscient. Ça devine tout, et l'enfant suit l'inconscient de sa mère pas à pas, et apprend ainsi à « détester » celui dont il est né un jour, et que sa mère n'aime plus aujourd'hui.

Comment peut-on s'aimer soi-même quand on n'aime plus celui qui vous a donné le jour? Comment vivre avec une seule moitié de soi et laisser l'autre dans l'ombre? Sur tout ce qui est paternel le garçon voit « interdit », écrit de la main de sa mère. Comment s'étonner alors que les garçons soient, d'après les enquêtes, toujours plus choqués que les filles par la disparition des pères?

« Mon père aux yeux en forme d'obscurité », écrivait un jour un enfant en consultation chez moi. N'est-ce pas exactement la formule la plus symbolique qui soit pour définir un regard qui ne voit pas : quand son père regardait son enfant, il ne le voyait pas. Et l'enfant n'existait pas pour lui.

Combien de pères, quand ils regardent leur enfant, ne le voient pas, ne l'entendent pas, ne le comprennent pas? Alors que les mères...

Le père entre conscient et inconscient

Il commence à se dessiner sous nos yeux *qu'on n'est pas aimé de droit* par son enfant, mais qu'il faut faire quelque chose de plus vers lui, quelque chose que les femmes font et que les hommes ne font pas encore. Autrement dit : il faut prendre le temps du lien, ce lien que tout le monde respecte entre l'enfant et sa mère, et qui fait que ces deux-là ne sont pas prêts de se perdre... Le lien, nous l'avons vu, s'établit pendant la première année et surtout pendant les huit premiers mois, où l'enfant nous enregistre avec son rhino-pharynx, avec ses oreilles, avec tous ses sens mais sans nous voir très clairement. Il

159

navigue avec nous au « feeling », encore faut-il que nous soyons suffisamment là pour qu'il s'habitue à notre odeur, notre voix, notre « holding », et là c'est au plus offrant, c'est celui qui passe le plus de temps dans le brouillard des débuts qui sera la plus sûre bouée de cet enfant. Que font d'autre les mères, sinon donner la primeur à ces instants passés avec le bébé, à lui parler, à le porter, à le baigner, à le faire manger?

Pourquoi les pères ne font-ils pas ce qu'il faut pour être aussi la bouée de sauvetage de leur enfant? Comment peuvent-ils ne pas réagir au fait que, selon une enquête déjà citée, 95 % des adolescents se confient à leur mère plutôt qu'à eux-mêmes?

Les pères des enfants d'aujourd'hui sont nés entre 1960 et 1970. Or, les femmes à cette époque travaillaient deux fois moins qu'aujourd'hui. Il était donc normal pour elles d'élever d'abord leurs enfants pendant que leur mari subvenait aux besoins de la famille, des besoins au reste moins importants qu'aujourd'hui et qu'un seul salaire permettait de satisfaire. Mais aujourd'hui, tout n'a-t-il pas changé?

Seuls les hommes n'ont pas changé, et les pères d'aujourd'hui ont vécu leurs premières années avec une *mère*. Il leur est donc difficile d'imaginer un autre paradis que celui qu'ils ont connu en tant que petit Œdipe avec une femme qui leur était entièrement dévouée, et la seule chose qui leur est douce aujourd'hui, c'est peut-être de songer à cette enfance où ils étaient deux à tout partager.

Ils étaient deux, mais pas trois, et pour eux très certainement le bébé reste le fief de la femme. Avec ses règles chaque mois, avec son ventre lourd pendant neuf mois, elle l'a bien mérité ce bébé, et chaque père se contente de prendre quelques instants dans ses bras celui qui vient de lui, mais qu'il ressent comme appartenant à elle. C'est contre cela qu'il faut aller. La nature a fait l'homme porteur de sperme sans lequel aucune fécondation n'est possible, et la femme porteuse d'utérus sans lequel il serait, tout au moins pour l'instant, difficile de faire vivre et croître l'embryon. C'est là l'objet de la différence entre homme et femme et, à part les religions monothéistes, qui nous dit que cette différence assure la supériorité de l'un sur l'autre dans le couple ?

Sérieusement, pourquoi l'enfant préférerait-il l'odeur de sa mère à celle de son père, la voix de sa mère à celle de son père ? Il n'y a là que préjugés venus de la nuit des temps, lorsque la lactation maternelle était le seul moyen de survie de l'enfant. Mais aujourd'hui bien des femmes donnent le biberon et bien des pères peuvent le donner aussi. Si les pères veulent devenir les égaux des mères devant les tribunaux, il faut qu'il apparaisse que leur enfant est aussi attaché à un parent qu'à l'autre. Si on veut voir finir ces affreuses remises en question de la compétence des pères par rapport à celle des mères au moment du divorce, il faut que le père se soit montré capable de faire tout ce dont un bébé a besoin, et cela dès sa naissance. Il n'est pas question de s'attribuer le repas ou le rot et de rechigner devant la table de change... Car l'enfant vous aimera avec tout son corps ou ne vous aimera pas.

On voit bien que les femmes, se professionnalisant, doivent être relayées sur le plan maternel. Pour qu'elles puissent reprendre rapidement leur travail, le plus simple ne serait-il pas que le père assure en partie ce relais ? Pour cela, il faut que l'homme consacre du temps à son enfant et du temps ouvrable, c'est-à-dire que les entreprises doivent aller dans le sens d'une réorganisation du temps de travail, avec établissement d'un statut propre aux nouveaux pères qui tiendra compte de la paternité de l'homme comme on a souci de la maternité de la femme.

Il y a différentes périodes dans la vie : le temps des études, celui de l'insertion dans le monde du travail, celui de la constitution d'une famille. Il faut qu'il y ait des lois s'adaptant à chacune de ces périodes de la vie humaine. Il faut cesser de croire que le niveau de vie et le pouvoir d'achat sont les seuls buts de l'existence masculine!

Actuellement, le père est pris entre deux missions concurrentes : contribuer au développement de son entreprise, ou à celui de l'inconscient de son enfant... C'est exactement comme si on lui disait : « On vous met sur un projet », et qu'on l'y laisse trois jours, alors que ce projet demande trois ans! C'est ce qui arrive au père qui vient d'avoir un enfant : il commence sa mission « père » avec plaisir, pour se voir remercié au bout de trois jours, sous prétexte qu'on lui a trouvé une remplaçante : la mère! Et tout cela est faux, car il n'y a pas de remplaçant du père, et il laisse derrière lui une place vide, vacante, à occuper... Peut-être par un autre, un jour... Content ou pas, il doit laisser son projet « père » et abandonner son enfant à sa femme, laissant se développer sous ses yeux l'exclusive entre mère et enfant.

Le père est certes le premier « étranger », mais il est surtout « étranger » à la dyade; c'est cela qui fait que plus tard son enfant, en cas de difficulté, s'adressera plutôt à sa mère qu'à lui : quand on a une difficulté, c'est à un « intime » qu'on en parle, et le père, actuellement, n'est pas l'intime de son enfant. Il n'en a pas le temps, puisqu'il est absent aux heures où son enfant est éveillé... Le père, jusqu'à présent et depuis dix-neuf siècles, n'a jamais été l'intime de ses enfants. Cela n'était pas gênant tant que la mère pouvait jouer ce rôle, mais le problème devient crucial quand, à l'occasion du divorce, le manque d'intimité du père fait qu'il va perdre son enfant et l'abandonner définitivement. L'enfant voit peu à peu ce premier « étranger » devenir simplement « l'étranger du dimanche », pour finir par être battu en brèche par un autre étranger qui vit journellement à la maison et qui rentre tous les soirs parce qu'il est le nouvel ami de la mère.

Dans cette même enquête auprès des adolescents, la plupart des enfants ont répondu que l'ami de la mère ne remplaçait en aucune façon le père, mais pouvait occuper une certaine place. C'est peut-être de cette place d'intime et de confident qu'il s'agit : celle que le père n'a pas su occuper dès les premières années et qu'il a laissée vacante... Une autre enquête, faite auprès de jeunes pères dans une maternité, nous apprend que 65 % des hommes pensent que le père c'est celui qui « aime » l'enfant *même si ça n'est pas le sien*. C'est dire comme l'origine et la génétique sont impuissantes à créer un lien affectif si les pères n'y travaillent pas eux-mêmes en « paternant » l'enfant aussi souvent que la mère.

L'amour, à aucun âge, ne se vit par correspondance ! Et certains pères nous émeuvent jusqu'au tréfonds de nous-mêmes quand nous les voyons lutter pied à pied, week-end après week-end, pour ne pas être oubliés et continuer à avoir ce lien spécifique de père à enfant. Alors nous jugeons que c'est folie d'acculer ces hommes-là au désespoir :

« Il n'y a plus d'avenir, je ne pense jamais au futur, je ne sais pas comment ça va se terminer », dit l'un.

« Je n'aurai plus d'enfant, je n'en veux plus, même si je connaissais une femme », dit l'autre.

« Dès l'instant où je la récupère [ma fille], je me dis que ça va passer très très vite. C'est le compte à rebours qui commence et c'est terrible [1] », nous explique le troisième.

La plupart des pères se résolvent à prendre leurs distances avec celui qu'ils ont engendré et, plutôt que de l'entraîner dans une guerre sans fin avec la mère, préfèrent disparaître sur la pointe des pieds... Quelques-uns, tout au contraire, vont se servir de cet enfant dont ils se sont finalement peu occupés, et l'utiliser comme arme dans un divorce avec leur ex-épouse, attitude inconséquente qui ne peut en aucune sorte faire naître un amour vis-à-vis du père.

Mais pour comprendre la rage et l'inconséquence des hommes devant leur désir d'enfant bafoué, il suffit de se référer à des enquêtes assez récentes. L'une d'elle, parue dans *Le Nouvel Observateur* en 1990, réalisée auprès des femmes, fait apparaître que le moment le plus important de la vie féminine, c'est pour 65 % d'entre elles la maternité et pour 35 % seulement le mariage : il y a donc deux fois plus de femmes qui rêvent d'enfants que de femmes rêvant de conjoint et de père...

Six mois plus tard, ce même journal, enquêtant auprès des hommes, nous fait part du fait que les hommes, à 53 %, jugent que la paternité est ce qu'il y a de plus important dans leur vie, alors que le mariage ne recueille que 35 % des suffrages.

En comparant ces résultats, il apparaît que 53 % des hommes et des femmes ont comme projet commun d'avoir un enfant, mais, au vu d'une enquête faite par l'INSEE en 1985, il apparaît qu'à la naissance de l'enfant, seule la femme accepte d'en tenir compte dans son emploi du temps, et parfois dans son « emploi » tout court.

En effet, les emplois du temps comparés des hommes et des femmes ne reflètent absolument pas

1. « Les pères divorcés en colère », *52 à la Une*, TF1, mai 1993.

l'adaptation de l'homme à la venue de l'enfant. Celui-ci consacre quotidiennement à la vie domestique 2 h 41 (dont 1 h 05 pour la vaisselle, la cuisine et le ménage, et 12 mn aux soins des enfants), pendant que sa femme y consacre 4 h 48 (dont 3 h 09 pour la vaisselle, la cuisine et le ménage, et 28 mn aux soins des enfants). L'homme dispose de 3 h 41 de temps libre et la femme de 2 h 51 [1]... A vous de voir le déséquilibre créé dans la vie du couple par la venue d'un enfant et le retrait du père sur la pointe des pieds dès qu'il s'agit de s'occuper directement de l'enfant. A ce tarif, pas étonnant que certaines femmes pensent ne rien perdre en s'écartant du père, mais c'est compter sans la psychologie et la logique de l'inconscient, qui demande que chaque être humain dispose d'un modèle de son sexe, et d'un partenaire œdipien de sexe opposé.

Chacun est à même de constater que, dans n'importe quel couple, y compris le sien, il existe une répartition des rôles, ayant pour origine chez la femme l'intérêt énorme qu'elle porte à l'enfant et, pour conséquence, l'image d'une mère omnipotente. Alors que le père n'attache qu'une importance très relative à la présence de l'enfant, déclenchant un semi-attachement de la part de celui qui prend l'habitude de ne voir et de n'entendre que sa mère... Ne nous étonnons donc pas que, malgré son désir d'être « le père », l'homme soit le plus souvent « le fusible », comme le nomme Evelyne Sullerot. Celui qui est appelé à sauter dès le premier court-circuit!

Et des courts-circuits dans les couples il y en a tellement qu'un tiers d'entre eux disjonctent au bout de quelques années de mariage et 85 % de leurs enfants se retrouvent à vivre avec la mère, le père ayant été « débranché », et dans 70 % des cas pas

1. Enquête INSEE, 1985.

« rebranché », puisque 70 % des enfants de divorcés ne voient plus que rarement ou plus du tout leur père [1], l'ayant peu à peu oublié ou remplacé par un autre père d'adoption.

Tous ces chiffres trahissent la fragilité de la fonction paternelle devant la solidité de l'attachement à la mère qui paraît presque toujours définitif : on n'oublie pas une mère !

Etudiant ces enfants du divorce, les démographes Henri Leridon et Catherine Gokalp [2] concluent cependant que l'effacement du père dépend pour partie de l'âge de l'enfant : plus les enfants sont petits lorsque le couple éclate, plus le risque d'éloignement est grand. Il faut, semble-t-il, que le père les ait élevés pendant cinq ans pour que, par la suite, ils entretiennent avec lui des relations suivies.

Nous retrouvons ici l'évidence de l'attachement du jeune enfant aux personnes qui s'occupent de lui, et la marque de l'empreinte inconsciente lors des cinq premières années. « Tout est joué pour le père avant cinq ans », pourrait-on écrire après tous ces chiffres tristement éloquents !

Les pères, nous le voyons, sont « empêchés » d'exercer leur paternage pour trois raisons :

1. Leurs femmes se considèrent la plupart du temps comme le seul parent *indispensable*. Car ce sont elles qui ont besoin de se sentir indispensables à l'enfant pour conforter leur identité propre, désirant prouver à tous qu'elles sont les mères.

2. Les hommes n'osent pas prendre une place qu'ils ont vue occupée par leur propre mère, et jamais par leur père.

3. L'entreprise se soucie davantage de son équi-

---

1. Evelyne Sullerot, *op. cit.*, p. 113. Chiffres d'une enquête INED, 1988.
2. Henri Leridon et Catherine Gokalp, « Entre père et mère », *Population et Société*, n° 220, janvier 1988.

libre financier et de son bon fonctionnement que de celui des familles dont elle emploie un membre. L'homme ne saurait s'absenter de son poste à l'occasion de la naissance de son enfant. Il sera un bon employé mais un mauvais père...

Il apparaît ainsi clairement qu'il ne s'agit pas d'une simple révision du rôle de père mais d'un changement de mentalité dans une société qui, de patriarcale, est devenue matricentrée, et où l'inconscient ne dispose que de repères féminins, que ce soit dans la famille ou dans les lieux éducatifs extérieurs. Ce qui conduit les hommes à vouloir absolument rester hors de ces repères féminins et les femmes à redouter au contraire de les quitter. Ainsi, depuis vingt siècles, se complètent et s'enferment l'un l'autre, et l'un avec l'autre, l'homme et la femme.

Chapitre VI

LA FAMILLE MONOPARENTALE
OU LES ANGOISSES
D'UNE « REMÈRE »

Vivre seule avec un enfant n'est pas toujours un choix délibéré de la part de la femme (mis à part quelques cas isolés de femmes ayant souhaité élever seule leur enfant), c'est le plus souvent la seule issue à une cohabitation plus ou moins houleuse avec le père, qui depuis la naissance de son enfant s'est surtout soucié du matériel, alors que la mère s'occupait de l'affectif : il pensait « travail », pendant qu'elle pensait « enfant ».

Cet enfant qu'ils ont voulu à deux, elle l'a porté seule et, même s'ils ont rêvé ensemble de sa venue, de son sexe, de son nom, de sa chambre, c'est toujours elle qui paraissait en avoir la responsabilité puisque c'était elle qui le portait. C'est cela qui, dès le départ, sépare l'homme et la femme qui attendent un enfant : elle l'attend *dans son corps* et lui l'attend *dans sa tête*... Par la suite il leur sera difficile, à l'un comme à l'autre, d'égaliser des positions aussi radicalement différentes pendant plusieurs mois vis-à-vis du même enfant. Il restera difficile pour la femme de penser qu'elle n'est pas plus indispensable à l'enfant que ne l'est le père, et il restera inscrit dans la tête de l'homme que sa femme a raison... Et si le père dès la naissance ne fait pas l'effort d'établir un lien de corps avec l'enfant, cet enfant restera effectivement du côté de la mère et pour toujours! Il y a là une loi de l'attachement que nous avons étudiée et établie comme incontournable. Mais, dans la plupart des cas, le père, non prévenu de la rapidité de la fixation infantile et de l'urgence à prendre place au sein de la bulle mère-enfant, ne fait pas le nécessaire et se trouve rapidement mis au rang de « premier étranger », bien après les grands-parents qui, eux, sont libres et parfois sur place! Bien après les frères et sœurs qui sont forcément dans l'orbe du bébé. Le père est celui qui, par l'organisation de sa vie autour du souci de nourrir sa famille, connaît le moins ces enfants dont il se croit responsable, mais dont il n'a la « charge » que financièrement : le divorce va le lui prouver clairement.

C'est en effet avec l'éclatement du couple qu'il devient évident pour tous que la présence du père est transitoire et aléatoire, de sorte qu'en cas de difficulté père-mère, nul ne songe à l'importance de la disparition dans la vie quotidienne de l'enfant de celui qui y figurait déjà si peu!

C'est ce qui explique la grande fragilité des pères au moment du divorce, car nul ne songe à leur donner une place qu'ils n'avaient pas, et eux-mêmes n'osent pas la revendiquer, craignant la levée de boucliers de toutes les femmes qui ont le destin de l'enfant dans leurs mains (mères, assistantes sociales, avocates, juges) et trouvent leur demande exorbitante. Il est vrai que pour certains enfants ce serait une rude épreuve de devoir passer des mains connues de la mère à celles inconnues du père...

Rien ne paraît avoir changé dans le rapport parent-enfant depuis l'avènement des mères éducatrices de Rousseau, consolidé par le discours médical du XIXe siècle et la théorie analytique du XXe... Ce qui a été introduit de nouveau, c'est le droit des femmes à demander le divorce : c'est à partir de là que les enfants se sont retrouvés automatiquement du côté de leur mère et donc, le plus souvent, contre leur père. Ce qui n'est pas sans poser de problèmes. En effet, on ne donne pas impunément tort à l'un de ses géniteurs car on se donne alors tort à soi-même. Et les enfants que je vois en consultation, à la suite du divorce de leurs parents, sont victimes d'un étrange mal qui les frappe en plein cœur : que valent-ils eux-mêmes, si leur père est dévalué aux yeux de tous ? Nos enfants sont dans bien des cas dévalorisés par rapport à un père dont ils ne peuvent tout simplement pas faire état et qu'ils ne peuvent appeler « papa ».

Le soin que les adolescents apportent à leur apparence, leur « look », trahit une profonde incertitude quant à leur valeur intérieure, qui se traduit par le besoin de se raccrocher à la norme du groupe. Plus le look est important aux yeux de l'enfant, plus est manifeste la recherche de valeurs extérieures à la famille, faute de les avoir trouvées à l'intérieur.

Dans la famille monoparentale où le père est absent, le garçon manque de modèle et la fille de partenaire œdipien. Chacun est mis en difficulté par rapport à l'absent, même si la mère se veut doublement « parente » et souvent doublement « inquiète », car il ne faut pas oublier que, depuis Freud et l'importance qu'il a donnée à la relation infantile à la mère, les mères – toutes les mères – se voudraient parfaites et idéales...

Mais une mère, si merveilleuse soit-elle, ne remplacera jamais un père et réciproquement. Ainsi Mylène, jeune fille de dix-huit ans, interviewée à la télévision à propos du rôle des parents [1], explique qu'ayant été élevée par son père il lui manque quelque chose du côté de la féminité et de l'être-femme : on ne lui a jamais appris comment s'habiller, se présenter à la façon d'une femme. Malgré toutes celles qui ont traversé la vie de son père, aucune n'a jamais vraiment été un modèle, et elle conclut très spontanément : « Je crois qu'il n'y a pas de mère " paternant " ou de père " maternant ". Il faut vraiment deux personnes pour élever un enfant. »

Les mères, depuis Freud, se sont crues les seules vraiment indispensables dans cette affaire d'inconscient, mais peut-être ont-elles été trompées par celui qui n'avait vu les choses que d'une certaine façon, ayant été lui-même uniquement élevé par des femmes. Sans relation proche avec son père, et n'imaginant pas d'autre cadre familial que celui qui était le sien, peut-être Freud a-t-il lui-même participé à l'éviction des pères ? Car, à peine cent ans après ses écrits, nous en arrivons à l'exclusion de l'homme hors de la famille, alors que dix-neuf siècles de discussions autour du vrai rôle du père n'avaient jamais abouti à l'idée de pouvoir se passer de lui !

Il faut dire que, dans le même temps, l'industrialisation du XIXe siècle a fortement contribué à pousser l'homme hors de chez lui et à abandonner les structures artisanales et familiales dans lesquelles pères et enfants avaient l'habitude de se côtoyer. A la suite du départ des pères, comment s'étonner que les femmes, confortées dans leur rôle essentiel de mère par le discours du temps, aient fini par oublier jusqu'à la nécessité de vivre avec un père ? On ne saurait leur donner tort après tous les livres d'éducation écrits à leur intention depuis cent ans... Mais il

---

1. « Je suis meilleure mère que ma femme », *Bas les masques*, France 2, 14 septembre 1993.

serait peut-être opportun de leur expliquer aujourd'hui ce qu'engendre sur le plan inconscient l'absence de père.

La famille monoparentale ou la famille sans père

La famille monoparentale est, comme nous le savons, dans 85 % des cas [1], une famille dont le seul parent est une femme.

Cela veut dire que l'enfant n'a qu'un seul lien d'attachement possible et qu'un seul modèle identificatoire : la mère. Ceci est renforcé par le fait que la mère reporte tous ses sentiments sur son enfant pense qu'elle est le *tout* de cet enfant. Que vont-ils faire l'un et l'autre d'une relation aussi prégnante, aussi unique? Ne vont-ils pas vivre dans la crainte de se perdre l'un l'autre, de se décevoir l'un l'autre? Comment éviter le sentiment de culpabilité et la peur de déplaire à l'autre? Je vois couramment ces enfants, objets uniques d'une mère, tourner la tête vers elle, lors de chaque interrogation, pour savoir s'ils peuvent dire ce qu'ils savent... On voit là que l'enfant, mis dans certaines conditions, ne peut pas prendre le risque de déplaire à son unique parent, et doit tout faire pour aller dans son sens : cet enfant n'a pas le droit d'avoir un jugement personnel. Son seul jugement provient du parent (la mère en général). C'est le problème de l'enfant dans la famille monoparentale : il lui est difficile de s'opposer à celle qui est *tout* pour lui! Il lui est impossible de divorcer d'avec elle!

Mais la mère a tout autant de difficultés que son

---

1. Rapport N. Lefaucheux sur la situation des familles monoparentales, présenté à la CEE en 1988 (INSEE).

enfant, car elle ne veut pas déclencher d'opposition entre eux : demander un service ou sévir pour une question éducative devient problématique, la mère craignant d'être ressentie comme « méchante » et redoutant de perdre l'amour de l'enfant auquel elle tient tellement.

Elle ne voudrait surtout pas que le lien se distende entre elle et l'enfant : il n'a déjà pas de père, il ne faudrait pas qu'il perde sa mère! Le plus souvent, la mère, dans une famille monoparentale, rechigne à contrarier l'enfant et passe sur des détails qu'en temps ordinaire elle n'aurait pas laissé passer : tant pis! le plus important n'est-il pas que cet enfant se sache aimé? Et la mère préfère temporiser, supplier plutôt qu'exiger...

Dans une famille monoparentale, le désir de la mère est que son enfant la « préfère » au père rejeté. Et pour cela tout est bon : le chantage, la séduction, la culpabilité, tous ces sentiments qui ne devraient pas figurer dans une bonne éducation trônent au milieu de cette famille-là... Il s'agit que l'enfant ne rechoisisse jamais celui qui a été jugé indigne de l'élever.

« Elle me voulait pour elle, pour elle toute seule, et elle m'a privée de mon père, m'empêchant de l'approcher, de lui parler, de l'embrasser. Elle était toujours là en travers comme s'il n'était qu'à elle... Et mon père, maintenant c'est plus qu'un étranger. C'est comme si j'en avais pas eu... »

Dans une famille où règne la mère, tout le monde est très gentil, très compréhensif, très tendre, beaucoup plus que dans une famille biparentale... Mais attention à l'adolescence! Au réveil de l'inconscient et de son histoire vis-à-vis de cette mère et de ce père éjecté!

Habitué à ce qu'on plie devant ses désirs, ou qu'on ne lui impose pas celui de l'Autre, l'adolescent admet mal l'autorité extérieure des maîtres et se montre ou agressif ou buté. Il peut passer dans le camp des opposants, des révoltés, car il ne supporte aucune loi au-dessus de lui. Il est habitué à la seule loi familiale qui existe chez son père comme chez sa mère : la culpabilité qui a remplacé pour lui l'autorité. Nous savons tous que ces bandes de jeunes qui opèrent dans les banlieues sont constituées en grande majorité d'enfants issus de familles où la mère a été la seule interlocutrice de l'enfant.

Dans ces familles, au moment où il leur faut se déterminer par rapport à l'un de leurs deux parents, certains adolescents peuvent devenir violents ou se droguer, car ils sont en colère de ne pas être comme tout le monde à un moment de la vie où ils ont tellement besoin de conformité avec ceux de leur âge et de leur sexe... Il n'existe pas d'enquêtes différenciant les enfants sans père depuis la naissance de ceux ayant perdu le père en route, mais d'après toutes celles effectuées par l'INSEE ou le ministère de la Justice, tant en France qu'à l'étranger, les chiffres sont éloquents : en France, 50 % des toxicomanes (chiffres de l'INSERM) appartiennent à des familles éclatées et 44 % en Italie (chiffres de l'UDSSM) ; 61 % des délinquants canadiens en sont également issus, alors que 19 % des enfants présentant ces troubles viennent de familles unies. En outre, les garçons seraient plus touchés que les filles [1].

Que cherchent ces adolescents ? La rencontre d'autres révoltés et la confrontation avec l'autorité, fût-elle celle de la police... La drogue, avec la régression qu'elle engendre, est forcément une tentation pour ces enfants qui ne peuvent plus aller de l'avant, ne voulant devenir ni comme la mère, ni comme le père. Témoin ces propos d'un jeune homme de vingt-sept ans, drogué et plus ou moins délinquant, vivant chez sa mère depuis l'âge de quatre ans :

---

1. Evelyne Sullerot, *op. cit.*, p. 230-240.

« Ma mère, elle est con et en même temps elle me fait pitié parce qu'elle se figure que je l'ai oublié, lui, le vieux, mais je l'ai pas oublié quand il hurlait, tapait, cognait, et qu'elle pleurait... Aujourd'hui, elle peut bien faire semblant d'être tranquille à mon sujet, moi je sais qu'elle a toujours peur de la même chose, c'est que je lui ressemble à " lui "... C'est de cela qu'elle a tellement peur, qu'elle fait comme s'il existait pas, elle m'en parle jamais et moi, plus je vois sa trouille, plus je bois, plus je fume, plus je me drogue. Comme ça, j'ai pas à choisir entre eux! Seulement au réveil, elle est toujours là avec son visage suppliant, angoissé : " Ne deviens pas comme lui, je t'en supplie, mon fils. " [...] Si je pouvais vivre " shooté " tout le temps je le ferais! »

Autre témoignage, aussi éloquent : « C'est terrible de pas savoir qui on est et qui il faudrait être, alors y a qu'une solution : se " shooter " à mort pour oublier, pour ne plus penser, pour délirer autrement. L'emmerdant, c'est le réveil car tout est comme avant, la chose est toujours là et on sait toujours pas quoi faire ni où aller... »

On ne peut éviter de se rappeler cette réplique d'un autre adolescent, shakespearien celui-là, mais livré également au silence et à l'oubli du côté du père :

« To die, to sleep, no more [1]... » « Mourir, dormir [...] Et en dormant oublier les souffrances incalculables de la vie d'ici-bas. »

Disparition du père et culpabilité de la mère engendrent toujours, à quatre siècles d'écart, les mêmes sentiments chez les adolescents mis en panne quant à l'identification au père.

Silence de la mère et refoulement de l'agressivité naturelle chez l'enfant à l'adolescence, telle est la

---

1. Shakespeare, *Hamlet*.

dialectique intérieure trop souvent rencontrée dans ces familles monoparentales dominées par des mères aimantes certes, mais seuls sujets d'identification.

Identité et identification dans la famille monoparentale

Dans la situation de parent seul, la mère se trouve être le seul lieu identificatoire de ses enfants, elle est leur « remère » faute d'être leur « repère »... Si le statut des filles ne s'en trouve que peu modifié puisque, de toute façon et dans n'importe quelle famille, l'éducation des filles est toujours remise entre les mains des mères, il n'en va pas de même pour le garçon, qui va devoir devenir un homme, pas comme la mère puisqu'elle est une femme, et pas comme le père puisqu'il a été écarté comme inadéquat... Pour comprendre les difficultés que va rencontrer le garçon dans la famille monoparentale, il faut se rappeler que l'identité (l'être-soi) et l'identification (l'être-comme) sont les bases de la personnalité.

L'*identité* d'un être s'établit dès les tout premiers mois au contact de ses parents qui le considèrent comme création nouvelle et individu à part entière. Mais dans le cas où la mère est seule, peut-elle éviter de donner à l'enfant la place de celui qui est là pour la rendre heureuse, elle qui n'a pas trouvé de relation affective symbiotique ailleurs? L'enfant de famille monoparentale est, plus qu'un autre, exposé au danger de « correspondre » au rêve d'unicité du parent, de partager les manques de son parent, ce qui lui donne cette faculté de lire sur le visage parental ce qu'il est permis de dire sans lui faire de mal... Il n'arrive pas à démêler ses émois de ceux de ses parents; il est « parent-enfant » et, tout en vivant sa propre vie d'enfant, il tâche d'aider ses propres parents à vivre. Le résultat est presque toujours l'impasse à vivre pour soi-même :

« Comment voulez-vous que je sois heureuse, me disait une jeune femme, tant que ma mère sera si malheureuse ? C'est une chose qui revient tout le temps et m'obsède littéralement : comment lui donner le bonheur ? »

« Je la regarde, me dit une autre, et si je la vois heureuse alors je me sens libre, sinon ma journée est fichue, je me sens mal, pas à mon travail, incapable de me concentrer... Je crois que ma mère, elle m'habite. »

Que dire de ceux qui commencent toutes leurs phrases par « disons », « admettons », ou « si vous voulez », signalant qu'ils n'ont pas et n'ont jamais eu l'habitude d'exister autrement que collés à l'autre et à sa façon de voir ?...

Et le hasard d'une consultation n'est-il pas révélateur d'une certaine forme d'existence qui consiste à ne pas exister ?

J'ouvris la porte de la salle d'attente : « Monsieur ? » Il eut l'air de se demander si c'était bien à lui que je m'adressais alors qu'il était seul... Et il se leva avec un léger retard, se leva ou pourrais-je dire se déroula, car il n'en finissait pas de se déplier. Il était grand, très grand, et marchait d'un pas si peu assuré qu'on aurait pu croire qu'il ne voulait pas occuper le sol. Arrivé dans mon bureau, il s'assit ou plutôt se tassa sur la chaise comme s'il ne désirait pas occuper la place que je lui offrais. Son regard bleu-gris semblait jauger la situation sans me voir réellement et, jusqu'à ce que j'interrompe le silence, il attendit complaisamment que je prenne l'initiative de la parole.

Tout au long de l'entretien, se révéla une seule chose : il n'était jamais responsable, ni cause de rien

178

de ce qui lui arrivait, de sorte que c'est par hasard qu'il avait atterri ici, grâce à un ami, et que c'est le hasard de l'escalier qui lui avait fait nouer des liens avec un psychiatre dans l'immeuble où cet ami habitait, et que ce psychiatre lui avait donné le conseil de me voir et l'adresse de mon cabinet, de sorte qu'on aurait pu croire qu'il n'avait pas fait exprès d'être là... Et c'est cette ignorance de son propre désir qui créait tout ce flou autour de sa personne. Le plus logique, dans sa vie, n'était-il pas qu'il avait en ce moment un choix infaisable entre deux femmes, car il ne savait laquelle il préférait? Etait-ce celle qui lui montrait le plus d'empressement?

Je n'eus pas plus de mal qu'une autre à lui conseiller de revenir une autre fois afin d'éclairer un peu tout cela. Il revint et poussa même l'obligeance jusqu'à dire que ce que « nous » avions dit la fois précédente l'avait intéressé. Puis nous partîmes pour un long périple à travers son enfance, où il apparut que l'absentéisme chronique de son père l'avait entièrement livré aux mains de sa mère, une mère si abandonnée elle-même, si malheureuse, qu'il s'était juré d'être pour elle son meilleur petit garçon...

Arrivé là, ses yeux avaient repris de la vivacité et on aurait pu croire qu'il se sentait à nouveau vivant et combatif, mais il y avait maintenant si longtemps qu'il ne pensait plus ni ne sentait ce qu'il disait, qu'à ma proposition d'un nouveau rendez-vous il acquiesça, priant sans doute le hasard de se mettre en travers et de l'empêcher de comprendre qu'il n'était pas celui qu'il disait être... Et en effet ce mystérieux hasard a dû prendre la place qui lui était en général dévolue : rendre à son insu impossible à monsieur G. ce que lui ne voulait ni dire ni faire. Et je ne le revis plus jamais...

Ainsi peut-il en être entre parent et enfant dont l'identité s'emmêle, l'un figurant comme miroir de l'autre.

L'*identification* quant à elle est le mouvement profond qui pousse l'enfant à devenir « comme » un de ses parents, celui de même sexe que lui, afin de le rattraper et de devenir un jour son égal, mais pour cela il faut que ce parent ne se trouve pas blâmé, rejeté, condamné ou interdit par l'autre, sinon il n'y a pas de modèle possible pour l'enfant et son rêve se bloque : il ne peut que rester un enfant, en particulier à l'école où l'on va pour apprendre ce que savent les grands.

« Julien n'osait se demander à quoi pensait le père, il essayait, lui, *de ne penser à rien*, il ne voulait surtout pas penser à sa mère, il chassait sa mère, elle ne devait pas venir à ce moment-là. Julien presse la main de son père tout doucement [...]

« Tous les autres enfants avaient la paix, et le droit de rire, lui on l'avait toujours obligé à épier le visage du père, le visage de la mère, à peser leur bonheur, et maintenant il était fatigué, fatigué d'eux, de tout, il voulait partir, très loin, être sur une étoile invisible. Il arriverait là-bas des années-lumière en arrière, pas de parents, pas de passé [...], eux ils n'auraient aucun chagrin, puisqu'ils ne seraient pas nés. Partir, n'habiter nulle part, ne porter personne, n'embrasser personne [1] ! »

Phrases bouleversantes qui décrivent bien comment l'enfant se cantonne dans le refus de l'autre parent, le bloquant sur place et l'obligeant à rêver d'un autre monde sans parents !

Je connais un homme d'âge mûr qui, n'ayant pas pu occuper la place de fils de son père puisque sa mère ne le voulait pas, a créé un véritable imbroglio au niveau des mots « père », « fils », traitant de « garçon » un vieillard de quatre-vingts ans, et de « père » un jeune homme de dix-huit ans. Ce qui dans les faits donne lieu à de curieuses formulations du genre :

---

1. Jean-Denis Bredin, *Un enfant sage*, Gallimard, 1990, p. 17.

« C'est un gentil garçon », à propos d'un homme de soixante ans, ou : « Tiens, voilà le père Christophe », alors qu'il s'agit d'un garçon de vingt ans! Quelle ne fut pas ma surprise le jour où se présenta devant moi ce « brave garçon » dont j'entendais toujours parler : un petit vieillard tout courbé par les ans...

Toute dissension dans le couple engendre pour l'enfant une carence soit au niveau de l'identité, soit au niveau de l'identification, renvoyant l'enfant à la solitude ou à la recherche hors de la famille d'autres modèles bien différents de ceux des parents. C'est là souvent que naissent des amours adolescentes, qui prennent d'autant plus d'importance que les enfants sont tenus chez eux de n'aimer que ceux que leur mère juge bon d'aimer, et qu'ils ont besoin de découvrir la liberté d'aimer selon leur loi et non plus selon celle de la mère. Les amours d'adolescents sont presque toujours le premier signe d'autonomie affective par rapport à la famille, et sont d'autant plus précoces que cette famille est étouffante, ce qui est souvent le cas de la famille monoparentale.

Evolution du garçon sans le père

Nous avons vu au chapitre de l'Œdipe avec quelle facilité et quelle spontanéité la mère noue avec son fils le lien œdipien. Cela sera d'autant plus marqué en l'absence de père que le petit garçon va représenter le *tout* de sa mère, celle-ci n'ayant que lui comme homme dans sa vie. Il aura donc, en tant qu'enfant, le plus grand mal à ne pas répondre avec la même intensité à la fixation maternelle.

Cependant, arrivé vers l'âge de douze, treize ans, le garçon, commençant sa puberté, va ressentir le besoin de rejoindre ses pareils, les autres garçons, et va s'éloigner de sa mère. Va-t-elle supporter cette distance que veut prendre son fils? Et lui, va-t-il oser s'opposer à celle dont il voit les yeux se noyer de larmes dès qu'il parle de rentrer un peu plus tard ou d'aller au cinéma avec les copains? L'amour œdipien de la mère qui gêne toujours l'adolescent en temps normal se révèle ici encore plus prégnant, et peut donc donner lieu à une brutale volte-face contre une mère qui était loin de s'attendre à cela!

Il est évident que ce qui est déjà difficile entre mère et fils, lorsque le père était dans la famille, devient ici impossible autrement que par la *contre-identification* à la mère qui vient prendre la place de l'*identification* au père. Le garçon n'a qu'une solution et ne conclut que dans un sens: pour être homme, *il suffit de ne pas être une femme*. Les prémices de la misogynie et tous ses corollaires sont là, et la femme qui fera suite à la mère ne pourra qu'en subir les conséquences.

Plus la relation mère-fils est unique et prolongée, plus la réaction de l'homme sera violente. La famille monoparentale n'est donc en rien le lieu idéal d'où sortira l'homme nouveau. Bien au contraire, le fait de n'avoir été élevé que par une femme ne peut qu'augmenter la réaction des garçons contre les femmes. L'homme nouveau, celui qui sera l'égal et le complément de la femme, ne peut sortir que d'une famille où tous les pouvoirs ne sont pas entre les mains d'une femme seulement.

Evolution de la fille face à la seule mère

La fille sans père aura-t-elle moins de difficultés que le garçon? Non! Mais nous les connaissons car les filles, que le père soit ou non là, ont toujours le même cheminement: elles sont livrées aux mains et aux attentes inconscientes de leurs mères. Les petites filles, c'est bien connu, n'ont pas de partenaire œdipien précoce et celles qui n'ont pas de père à la maison en ont bien moins encore. Il leur faut se débrouiller toute seule avec l'attente maternelle.

« J'ai l'impression qu'à travers nous c'était elle qu'elle voyait. On était des prétextes pour attirer l'attention sur elle. Elle n'avait jamais réussi à assurer sa place dans sa propre famille parce qu'elle était une fille, et à travers nous, ses filles, c'était elle qu'elle voulait qu'on admette... Elle voulait présenter ses enfants comme parfaits pour que ça rejaillisse sur elle et, quand on allait chez la grand-mère, il fallait être propres et sages comme des images. Moi, je me rappelle que je n'osais ni parler ni même penser de peur de ne pas être conforme à ce qu'elle attendait de moi, j'étais avec ma mère comme au tribunal! C'était elle qui jugeait de ce que je devais faire ou dire... », raconte une femme sur le divan.

La vie d'une fille est de toute façon, dans la famille monoparentale comme dans la famille classique, marquée par des débuts délicats face à une femme qui lui demande beaucoup. Dans le cas de monoparentalité il paraît impossible de s'opposer à cette seule mère et de prendre le risque de ne pas être aimée d'elle. Le plus souvent, la fillette qui vit seule avec sa mère joue la soumission à cette mère, faute d'être, dans leur opposition, soutenue par le père absent.

Les mères se prennent parfaitement au jeu de leurs trop charmantes petites filles et ignorent que le retour de bâton au moment de l'adolescence n'en sera que plus violent et plus prolongé, car ce n'est qu'en second lieu, et soutenue par ses copines et éventuellement son petit ami, que la fille osera enfin se défaire de sa soumission à sa mère, affronter sa rivale de toujours.

La très bonne relation infantile qui peut se nouer entre mère et fille dans une famille dont le père est absent ne préjuge en rien du bon équilibre à venir de cette enfant, puisque l'absence de père la pousse à rêver et à attendre l'homme comme le père parfait qu'elle n'a pas eu... Et le réveil sera certainement pénible!

En définitive...

La famille monoparentale ne peut en aucun cas simplifier la route d'un enfant, qu'il soit fille ou garçon, car, si la carence de père dans la famille pesait déjà lourdement sur la fin de l'Œdipe du garçon et sur le début de celui de la fille, l'absence complète de père ne peut qu'aggraver ces deux symptômes qui sont à la base l'un de la misogynie masculine, l'autre de l'hystérie féminine.

La mère qui se retrouve seule face à ses enfants a donc à se préoccuper de l'entourage dans lequel elle vit et des figures d'homme (grand-père, oncle, ami de la mère) qui serviront de repères à ses enfants en l'absence du père. Il est intéressant de constater que beaucoup de femmes ayant en garde leurs enfants trouvent comme solution de vivre avec les grands-parents, ce qui restitue à l'enfant une figure familiale avec un couple à la tête du groupe.

Après avoir proclamé la mère seule éducatrice valable à la fin du XIXᵉ siècle, nous nous trouvons en cette fin du XXᵉ siècle dans la situation de placer de nouveau les enfants chez les nourrices! La famille privée de père peut prendre bien des formes, et l'histoire de l'enfant peut être un puzzle extrêmement compliqué, formé de gens qui auront pris la place des parents, dont l'un a pris la fuite, et dont l'autre est transformé en pourvoyeur. Et les thérapeutes sont souvent plus intéressés par la « dame » qui garde l'enfant journellement que par la mère elle aussi absente, occupée à gagner l'argent de la famille. La garde accordée systématiquement à la mère est la conclusion d'un long procès à l'encontre du père qui ne s'est pas occupé directement de l'enfant. Mais il n'est pas du tout prouvé que ce soit là une solution idéale : car la mère, endossant la responsabilité financière jusque-là confiée au père, doit souvent se surcharger de travail et devient à son tour mère « absente ».

Les enfants de famille monoparentale n'ont parfois ni père, ni repère, ni mère, ni remère, mais se débrouillent plus ou moins bien avec d'autres adultes à qui ils sont confiés. On s'aperçoit curieusement que ce que l'on savait au Moyen Age est toujours vérifiable : « Le lierre meurt où il s'attache. » L'enfant aime là *où il vit* et s'attache à ceux *avec qui il vit*.

Qu'importe alors la garde au père ou à la mère ? Ce n'est plus qu'une question de règlement de comptes entre un homme et une femme. L'enfant fera sa route parfois avec un grand-père, parfois avec une tante. N'est-il pas essentiel qu'il cesse d'être objet de dispute et de séduction, mais devienne sujet auprès de quelqu'un qui l'aime *pour* lui-même et non *contre* un autre ?

L'important pour l'enfant n'est-il pas de pouvoir en toute liberté aimer et détester à la fois ceux qui lui ont fait cadeau de la vie et du risque de la liberté ? L'inverse de la liberté ne serait-il pas d'être obligé d'aimer l'un et de détester l'autre de ses parents ?

Chapitre VII

POUR UNE AUTRE ÉCOLOGIE
DE LA FAMILLE

La famille sans père n'est pas une création du XXe siècle, pas plus que la famille monoparentale, et ce ne sont pas les femmes qui les premières ont mis les pères hors du système familial. C'est très progressivement, comme nous l'avons vu au début de ce livre, que le père a glissé hors de sa famille, essentiellement au moment de l'industrialisation, où il a troqué son emploi artisanal contre un emploi dans l'entreprise, laissant sa place de père vide durant des journées entières.

L'arrivée des machines a eu un effet direct sur la vie en famille, tout comme aujourd'hui la modernisation par l'informatique renvoie l'homme chez lui, dérouté et inactif. On ne peut pas séparer radicalement production et reproduction sans prendre de grands risques – nous le voyons aujourd'hui en suivant le chemin de l'automatisation, puis celui de l'informatisation, qui entraînent l'exclusion de l'homme par la machine toute-puissante. Les -hommes, les pères ont suivi le mouvement et, partis pour ramener davantage d'argent à leurs familles, ils se retrouvent à nouveau chez eux, privés d'emploi, donc de pouvoir d'achat, dépossédés ainsi de leur désir le plus cher quant à leurs familles. Pour un psychanalyste, l'homme est touché dans les deux composantes de sa libido : le désir oral de prendre, de consommer, et le désir anal de faire, de produire. Comment s'étonner qu'il tombe dans le désespoir, la rage ou la drogue ?

La science nous a éblouis, l'électronique et l'informatique nous ont enchantés, mais n'allons-nous pas tous les jours davantage vers un monde où l'homme n'a plus sa place ? L'homme n'est-il pas en train de s'éjecter lui-même de sa propre place ?

Et les pères n'ont-ils pas agi de même lorsqu'ils ont cru que, rapportant plus d'argent à la maison, ils rendraient toute la famille plus heureuse ! N'ont-ils pas fait, parfois, de durs travaux et de difficiles sacrifices pour augmenter une paye dont ils ont pensé que c'était une preuve d'amour essentielle à donner aux leurs ?

On s'aperçoit aujourd'hui que la preuve d'amour essentielle des parents à la famille, c'est d'être là, de partager et d'inaugurer avec l'enfant tout ce qu'il découvre peu à peu. C'est celui qui « accompagne » l'enfant par la main, par la voix, par le regard, qui est père ou mère de cet enfant sur le plan inconscient.

Ni le père ni les pouvoirs publics ne se décident à prendre en compte la paternité et à accorder à l'homme un congé de paternité ou toute autre mesure tendant à décharger l'homme un tant soit peu lors de la naissance d'un enfant. C'est donc la mère, qui, avec l'accord de tous, va cesser de travailler au-dehors (sa rémunération étant en général bien inférieure à celle de l'homme) pour prendre d'abord les trois mois de congé de maternité que lui accorde la loi, suivis d'un congé parental d'éducation qu'elle est seule à demander, le père craignant par cette demande (à laquelle il a aussi accès) d'encourir la désapprobation et, par la suite, les mesures de rétorsion de son employeur... N'est-ce pas justement pour cela qu'on attribue à l'homme des responsabilités plus importantes qu'à une femme, dont tout le monde admet qu'elle doit faire passer sa famille avant son travail?...

A partir de cette décision, il est évident que l' « attachement » du bébé se fera sur la personne de la mère qui va devenir l'interlocutrice principale de l'enfant, la réponse à ses besoins, et par là même seule responsable de la formation inconsciente du bébé. C'est à elle que les médecins et instituteurs vont demander des explications en cas de difficulté et c'est d'ailleurs elle qui, étant libre en même temps que l'enfant, se présente spontanément chez le psychologue ou le psychanalyste : c'est bien elle l'adulte responsable de cet enfant.

On ne peut qu'être surpris de constater que, dans la question de la place des parents auprès des enfants, c'est l'entreprise qui joue le premier rôle sexiste dans le couple et prive l'homme de « paternage » et la femme de « contrat de travail »... Il y a beaucoup à faire auprès de ceux qui s'occupent à la fois des finances, du budget, de l'emploi, de la santé et de l'éducation. Car, à travers tous ces organismes, c'est le père et la mère qui sont régis et programmés. Comme nous le voyons, et si bien intentionnés que soient les futurs parents, ils n'auront ni l'un ni l'autre le choix de leur place auprès de l'enfant.

Ainsi, une famille avec deux parents peut être de fait, dès le départ, « monoparentale » puisque c'est la mère, malgré la présence de son mari, qui se trouve responsable de tout ce qui concerne les enfants. Mais cette famille ne prendra l'appellation spécifique de « monoparentale » que le jour où le père par le fait du divorce quittera vraiment la maison. Les enfants n'auront pas sur-le-champ l'impression d'un véritable changement et éprouveront dans certains cas une libération, l'état de tension familiale cessant. Ce n'est que beaucoup plus tard qu'ils se rendront compte à quel point la présence d'un père leur a fait défaut...

La monoparentalité, c'est tout simplement dans la plupart des cas l'effacement d'un homme déjà très absent de la vie de l'enfant, et la reconnaissance de la priorité de la mère sur le plan éducatif. Il peut même arriver que certains enfants, de leur naissance jusqu'à l'âge de dix-huit ans, ne rencontrent pratiquement que des femmes sur le plan éducatif, et que le service militaire soit pour eux la révélation d'un monde au masculin !

En minimisant l'importance du père dans la structure inconsciente de l'enfant, on nie l'évolution œdipienne de tout enfant, et seul le garçon se trouve à même de développer l'Œdipe avec la mère, la fille en étant généralement privée par la quasi-absence du père.

Ce manque de partenaire masculin oblige les filles puis les femmes à rester pré-œdipiennes, c'est-à-dire mal assurées d'une féminité non confirmée par le père et en rivalité permanente avec les autres femmes, rappel de la première rivalité avec la mère. Pendant ce temps, les petits garçons, puis les hommes, perpétuent une relation d'ambivalence nouée avec la mère et s'étendant par la suite à toute la *gens* féminine – ce qui favorise la misogynie pour ce qui est de la répartition des tâches dans l'entreprise et le refus de coparentalité au sein de la famille –, l'homme craignant à vie d'avoir la même place qu'une femme (une mère).

Si la conjoncture actuelle de chômage nous désole tous et renvoie les travailleurs chez eux, elle aura peut-être l'effet positif de changer nos conditionnements ancestraux en nous obligeant à une plus grande souplesse d'adaptation des horaires et des fonctions salariales et familiales. Le travail prenant moins de place dans la vie et le maniement des machines qui remplacent l'homme exigeant du travailleur une spécialisation plutôt que de la force, peut-être allons-nous assister à un nouvel équilibre entre les producteurs et les reproductrices...

Les hommes travaillant moins vont enfin peut-être avoir du temps à passer avec leurs enfants, et pourront cesser d'être les grands absents de la vie familiale. On ne peut attendre ce changement que d'une libération progressive de l'entreprise sur le travailleur, libération qui est en train de se faire par la réduction du temps de travail et sa flexibilité.

N'est-ce pas la première fois, depuis l'industrialisation du XIXᵉ siècle, que l'on prévoit des mesures de partage du travail, des allégements d'horaires qui vont obliger les hommes en particulier à réviser leur façon de vivre et, pourquoi pas, leur place éducative de père auprès de leurs enfants?

Il apparaît, dans l'enquête que j'ai menée auprès des pères venant d'avoir un enfant, que 75 % d'entre eux considéreraient comme normal d'avoir un congé spécial paternité (rétribué comme l'est celui de la mère) ou un aménagement d'horaires afin de pouvoir accompagner l'enfant jusqu'à son entrée en crèche au troisième mois.

Ceci veut dire que les hommes commencent à envisager qu'être père ne consiste pas seulement à donner une mère à l'enfant!

C'est d'ailleurs par sa présence, sa responsabilisation et sa part prise dans les soins de l'enfant que le père s'attache son enfant. Et c'est lors de la disparition du père de chez lui, avec la mort de l'artisanat et la désertion des campagnes, que peu à peu le père et son enfant ont été séparés au point qu'actuellement l'un puisse envisager de vivre sans l'autre...

Nous sommes bien loin de ce qu'écrivait en 1518 F. Filelfe dans son *Guidon des parents* : « Nul n'est plus sollicité et curieux observateur d'autrui que le père de son propre enfant. » Ou Nicolas Pasquier à la même époque : « Qui enseigne son fils doublement engendre [1]. »

Les tribunaux lors d'un divorce en ne reconnaissant que la nécessité d'avoir une mère, entérinent ce qui est depuis longtemps le statut de l'enfant ; il n'a qu'un parent vraiment responsable de lui, de jour comme de nuit : sa mère ! Et l'attribuer à un père qu'il n'a vu que par intermittence serait à coup sûr le plonger dans une bien grande insécurité ! Nous savons à quel point l'enfant est tributaire de ses habitudes... Qui voudrait à l'occasion d'un différend entre un homme et une femme condamner l'enfant à être séparé d'une mère qu'il n'a jamais quittée ?

Tant que les pères ne prendront pas pied dans l'histoire de leur enfant, tant qu'ils ne parenteront pas à l'égal de la mère, ils se verront attribuer au moment de l'éclatement du couple une place moindre que celle de leur femme... Et c'est juste, non pas vis-à-vis des parents qui sont tous les deux géniteurs de l'enfant, mais vis-à-vis de l'enfant qui, dans 95 % des cas, s'est toujours senti sous la garde et la responsabilité de sa mère et qui trouve logique de continuer sa route avec elle, même si celles de ses parents divergent... Et le « vol d'enfant », que certains pères se croient autorisés à faire, figure souvent comme viol psychique d'un enfant affolé d'être séparé de la mère. Il faut que ces pères-là

---

1. F. Filelfe, cité dans *Histoire des pères et de la paternité, op. cit.*

ignorent tout de leur enfant pour se montrer si peu sensibles à la perturbation qu'ils introduisent ainsi dans sa vie...

Il est assez inquiétant de voir tant d'enfants vivre sans père, mais il est encore pire de voir le père se servir de ses droits pour se venger d'une femme à travers un enfant, prouvant à quel point sa haine de la femme dépasse son amour de l'enfant. Il n'aime pas cet enfant avec le cœur, mais avec le droit...

Nous découvrons progressivement, à travers le divorce et ses retombées, qu'hommes et femmes usent de l'enfant pour s'attaquer l'un à l'autre et que la loi, aussi longtemps que les pères et les mères ne seront pas à égalité dans l'éducation du jeune enfant, sera incapable d'établir un devenir juste pour l'enfant du divorce. En effet, les normes familiales elles-mêmes ne sont ni justes ni réalistes. Tant qu'on considérera que l'instinct maternel dépasse en intensité l'instinct paternel, on créera artificiellement des générations d'enfants élevés par des femmes et donc en proie à toutes les déviations névrotiques que cela peut engendrer, tant vis-à-vis des femmes que des hommes.

De même qu'il y a un certain équilibre naturel de la flore et de la faune, auquel nous nous attaquons bien souvent sans le savoir et que nous avons mis bien longtemps à comprendre, il y a un certain équilibre de la famille qui repose sur le masculin et le féminin et qui n'a jamais été respecté, ce qui a donné lieu à une succession d'Etats et de lois plus ou moins misogynes depuis l'Antiquité et le christianisme... L'homme du Moyen Age étant occupé à guerroyer à l'extérieur, sa femme se trouvait en première position de parentage auprès du nouveau-né et puis, progressivement, à travers les siècles, la femme est devenue le « seul » parent « agissant » sur le plan de l'inconscient, puisque le seul présent dans les premières années où se constitue la structure inconsciente de l'individu.

Il nous reste à réfléchir à l'établissement d'un autre ordre des choses. Une sorte d'écologie de la famille doit être créée, et le père ne peut qu'en faire partie à l'égal de la mère, puisque nous voyons que le règne de la mère nous a menés à la disparition, la résorption du père, et finalement à l'éjection du père hors du système familial.

Il nous reste à réfléchir sur la façon dont chacun de nous a le droit, et le désir à la fois, de se reproduire tout en faisant partie de la chaîne productrice de son pays. *Les femmes sont plus que des mères, et les hommes plus que des travailleurs.* Pour l'avoir oublié, nous sommes arrivés à la guerre entre hommes et femmes où l'enfant est le plus souvent utilisé comme projectile plutôt que comme lien entre les deux sexes. C'est faire à nos enfants injure que de les mettre au monde à deux pour ensuite les obliger à renier l'un des deux... Et c'est leur préparer un difficile avenir que de les faire vivre en reniant la moitié d'eux-mêmes. Chacun de nous est à même de comprendre que le temps est venu pour les hommes (comme les femmes l'ont fait à propos de leur place sociale dans l'entreprise) de réviser leur façon de voir la famille et leur propre place de parent à l'intérieur de cette famille.

Cela demande des aménagements dans la vie des travailleurs pendant les premiers mois de la vie de leurs enfants, et cela demande de la part de l'Etat une prise en considération du fait que la famille sans père favorise, chez les adolescents, la confrontation violente (qui est essentiellement le fait des garçons) ou la fuite, apparemment plus discrète mais tout aussi grave, dans la toxicomanie. La famille a subi le contrecoup d'une industrialisation trop rapide qui a emmené les pères loin de chez eux pour des journées entières. Les femmes et les enfants ayant pris l'habitude de vivre sans le père ont continué à vivre sans lui en cas de divorce, car apparemment on a pris toutes les précautions utiles pour que le rôle de l'un et l'autre parent ne change pas, même après le divorce. Mais on se rend compte aujourd'hui que l'absence de l'homme a déclenché d'abord l'insatisfaction affective de la femme, qui l'a déclaré incapable de l'aimer et de la comprendre et s'est rabattue sur l'amour de l'enfant qu'elle était sûre de pouvoir s'attacher à condition d'y consacrer le temps. De là à demander le divorce et le droit de continuer à vivre avec l'enfant comme elle l'avait toujours fait, il n'y avait qu'un pas... qui fut franchi.

La justice a cru bien faire en ne changeant rien à ce qui était la vie de l'enfant, demandant au père de subvenir aux besoins de l'enfant (comme auparavant) et à la mère de continuer son rôle de parent principal. C'est là que le bât blesse : est-il favorable pour un être humain de n'avoir qu'un parent, qu'une référence, qu'une identification ?

On peut rétorquer que cette femme divorcée refait bien souvent sa vie et que l'enfant retrouve alors un représentant du sexe masculin qui va lui permettre de reprendre sa marche œdipienne (si c'est une fille) ou homosensuelle et identificatoire (si c'est un garçon), mais l'enfant peut-il changer ainsi de père sans se sentir coupable de « tuer » son vrai père (dont il se sait issu) ? L'enquête déjà citée a prouvé qu'aux yeux des adolescents le père n'est pas « remplaçable ». Il faut croire qu'on ne devient pas aisément le fils de n'importe quel homme, si doué soit-il ! D'ailleurs quelle est la question de tous les adoptés : savoir qui les a abandonnés et pourquoi ? Il y a chez les humains un besoin inné de filiation comme si chacun de nous devait pouvoir raconter son histoire même si elle est triste... L'enfant de divorcé n'est pas différent des autres : il a besoin de savoir pourquoi son père est parti, il a besoin de l'entendre de la bouche d'un père et non à travers une interprétation de la mère. L'enfant ne peut plus continuer à vivre avec l'idée que ce sont les femmes qui régissent les familles et qui sont juges de l'état des pères, mais pour que cela soit autrement, il faudrait que l'enfant ait bâti, dès son plus jeune âge, une confiance, une intimité avec son père aussi indestructible que celle élaborée avec la mère.

Comment ne pas voir que la suite de tout cela c'est, en France, une misogynie persistante envers des femmes qui ont pris trop de pouvoir dans l'enfance des hommes alors qu'ils étaient inférirorisés parce que petits? Devenus adultes, le moindre pouvoir accordé à une femme leur rappelle cette soumission infantile, ce qui n'est en aucun cas une position acceptable pour un homme adulte et coupe court à tout sentiment d'égalité.

A travers l'histoire des pères se déroule toute l'histoire de la misogynie et de la lutte entre hommes et femmes, qui après avoir cru sage de séparer leurs pouvoirs se rendent compte les uns et les autres qu'il y ont perdu quelque chose : les femmes du côté de leur réalisation sociale et les hommes du côté de leur épanouissement familial.

Le moment vient d'accorder quelque importance à une donnée qui nous a été longtemps inconnue : la structure inconsciente de nos enfants s'établit de zéro à cinq ans entre hétéro et homosensualité, qui sont les bases inconscientes de notre vie d'adulte. Nous ne devons plus vouloir élever des enfants sans tenir compte de ceci : c'est de notre attitude, de notre présence, de notre amour physique et moral de père et de mère que dépendent les futurs hommes et femmes que nous avons fait naître pour nous survivre et continuer une route que nous leur souhaitons heureuse. C'est de nous que va dépendre leur équilibre de demain. Enfants de femmes, nous avons dû défendre, depuis un demi-siècle soit notre identité de femme, soit notre contre-identité d'homme, peut-être pouvons-nous souhaiter un climat moins belliqueux pour ceux qui traverseront le siècle suivant...

ÉPILOGUE

Tu étais grand, fort et ta voix de stentor s'élevait au-dessus du grondement du vent d'autan. Tu étais l'ogre de mes rêves, le lion de mes cauchemars et le marquis de Carabas quand, par mauvais temps, tu chaussais tes grandes bottes qui m'obligeaient à faire trois pas quand tu n'en faisais qu'un...

Il ne fallait pas faire un seul bruit quand tu écoutais Wagner le dimanche soir et que, les yeux fermés, tu caracolais au milieu de la folle cavalcade des walkyries, ou que le regard au loin tu te recueillais en entendant pour la énième fois la *Sonate* pour violon et piano de César Franck, qui, disais-tu, était certainement la musique que l'on entendrait au paradis... Au paradis, y es-tu? De ton paradis, me vois-tu?

Car ce qui comptait, ce qui me faisait tenir droite et avancer, c'était ton regard et je me souviens du jour de ta mort où, inquiète de te voir les yeux clos et ne pouvant supporter cette indifférence sur ton visage, j'ai avancé la main jusqu'à ta paupière pour la soulever, au cas où tu me regarderais encore... Et c'est là que je t'ai vraiment perdu, puisque ton regard ne me voyait plus! Comment allais-je continuer ma route sans toi, moi qui avais réussi tant de choses pour me montrer digne de toi, digne d'être ta fille.

Les années qui suivirent ta disparition me

parurent longues et difficiles, dans une sorte de brouillard (le deuil est d'autant plus cruel que la séparation est inattendue et brutale), et au fil des jours ton regard d'extérieur devenait intérieur, sorte de « repère » toujours présent. Je me sentais ta fille, sans plus jamais te voir, sans plus jamais t'entendre, une petite lumière s'était allumée au fond de moi qui défierait l'absence et le temps.

Ma surprise fut grande quand, plusieurs années après, revenant « à la maison » et saluant ma mère et tous les miens, je m'aperçus que je continuais mon chemin au-delà d'eux, comme si je n'avais pas dit bonjour à quelqu'un... J'étais dans le couloir en train d'avancer vers ton bureau. Brusquement je m'arrêtai car je savais bien que tu n'étais plus là. Seuls mes pieds de petite fille, qui t'avaient si souvent emboîté le pas, continuaient à te chercher... Le corps, première et dernière mémoire de nos amours, peut-il oublier vraiment? Mon corps peut-il mettre de côté le lien qui fut le nôtre et, bien avant toute parole entre nous, n'avais-tu pas inscrit, dès ma naissance, au plus profond de moi, ce qui allait marquer ton passé et mon avenir du même signe œdipien : j'étais ton « impossible complétude ».

TABLE

LES SCIENCES HUMAINES
DANS LA COLLECTION CHAMPS

*Achevé d'imprimer en mars 1999
sur les presses de l'imprimerie Maury Eurolivres
45300 Manchecourt*

— No d'imprimeur : 99/03/69670. —
— No d'éditeur : FH135508. —
Dépôt légal : Avril 1996.

Printed en France